Carl-Auer

Wilhelm Rotthaus

DAS ELTERNBUCH

ÄNGSTE VON KINDERN UND JUGENDLICHEN

ERKENNEN, VERSTEHEN, LÖSEN

Dritte Auflage, 2026

Reihengestaltung und Satz: Nicola Graf, Freinsheim
Redaktion: Veronika Licher
Printed in Germany
Druck und Bindung: CPI books GmbH, Leck

Dritte Auflage, 2026
ISBN 978-3-8497-0337-0 (Printausgabe)
ISBN 978-3-8497-8214-6 (ePub)

Bibliografische Information der Deutschen Nationalbibliothek:
Die Deutsche Nationalbibliothek verzeichnet diese Publikation in der Deutschen Nationalbibliografie; detaillierte bibliografische Daten sind im Internet über http://dnb.d-nb.de abrufbar.

Informationen zu unserem gesamten Programm, unseren Autoren und zum Verlag finden Sie unter: **www.carl-auer.de**.

Wenn Sie Interesse an unseren monatlichen Nachrichten haben, können Sie dort auch den Newsletter abonnieren.

Carl-Auer Verlag GmbH
Vangerowstraße 14 · 69115 Heidelberg
Tel. +49 6221 6438-0 · Fax +49 6221 6438-22
info@carl-auer.de

Vorwort

Liebe Eltern,
dieses Buch ist speziell für Sie verfasst worden. Es handelt über Ängste von Kindern und Jugendlichen und über die Fragen und Sorgen, die diese Ängste bei den Eltern auslösen. Möglicherweise haben Sie zu dem Buch gegriffen, weil das Angstverhalten Ihres Kindes nun schon seit längerer Zeit alle Familienmitglieder leiden lässt und ratlos macht. Diese Erfahrung teilen Sie mit vielen Familien, in denen ein Familienmitglied ein auffälliges, störendes oder gestörtes Verhalten zeigt. Darum ist es vorteilhaft, aus einer systemischen Perspektive auf das Problem zu schauen. Das Wort *systemisch* stammt aus dem Griechischen und bedeutet »zusammenstehen«. Wer aus einem systemischen Blickwinkel auf das Problemverhalten eines Mitglieds des »Systems«, beispielsweise einer Familie, schaut, beachtet die Tatsache, dass alle, die in einer Familie zusammenstehen, von diesem Problem betroffen sind. Denn niemand verhält sich allein auffällig, gestört oder krank. Zugleich bedeutet das aber auch, dass die Lösung des Problems am ehesten erreicht werden kann, wenn alle, die sich eine Änderung wünschen, zusammenstehen und gut kooperieren.

Im Verlauf dieses Buches werden Sie erfahren, dass Eltern aus systemtherapeutischem Verständnis wichtige, wenn nicht die wichtigsten Personen für die Lösung der Probleme ihres Kindes sind. Denn sie sind für ihr Kind oder ihren Jugendlichen bedeutsam und bleiben das auch ein Leben lang – selbst wenn im Augenblick die Beziehung sehr belastet sein sollte. In diesem Buch werden Sie als Eltern viele Anregungen bekommen, was Sie tun können, damit das Problem aus Ihrer Familie wieder verschwindet. Das haben schon viele Eltern vor Ihnen geschafft. Sollten die Anregungen in diesem Buch Sie allerdings nicht hinreichend weiterbringen und Sie sich entschließen, professionelle Hilfe in Anspruch zu nehmen, werden systemische Therapeutinnen und Therapeuten Sie dabei nach Kräften unterstützen, das zu erreichen, was Sie sich heute vielleicht kaum noch vorstellen können: ein Kind zu haben, das mutig ins Leben zieht, und eine Familie, die die Sorgen und Belastungen hinter sich lässt.

In dem Buch wird zunächst erörtert, welche Ängste eines Kindes zu welcher Zeit seines Lebens ganz normal sind. Sodann werden die verschiedenen Arten von Angststörungen des Kindes- und Jugendalters dargestellt und Hinweise gegeben, wie weit diese Ängste die weitere gesunde Entwicklung Ihres Kindes beeinträchtigen können.

In einem zweiten Teil werden wissenschaftliche Befunde dargestellt, die Ihnen helfen, die Ängste Ihres Kindes besser zu verstehen. Es wird erörtert, welche Bedingungen eine Rolle spielen können, dass ein Angstverhalten auftritt und aufrechterhalten wird. Dabei geht es niemals um die Frage von Schuld. Natürlich gelingt es Eltern bei einem Kind besser, ihm gute Bedingungen für das Aufwachsen zu schaffen, als bei einem anderen. Das liegt aber nicht zuletzt daran, dass jedes Kind auf seine Umweltbedingungen und das Verhalten seiner Eltern und Erzieherinnen unterschiedlich reagiert. Aber die Erforschung von möglichen Ursachen für ein Angstverhalten in der Vergangenheit ist schwierig. Die gute Botschaft ist: Da Menschen keine Maschinen sind und auch nicht so funktionieren, bringt die Erforschung von Ursachen für ein auffälliges Verhalten – anders als bei einer Küchenmaschine oder einem Auto – in aller Regel auch keinen wesentlichen Gewinn für die Lösung des Problems. Wichtig ist es vielmehr, die Stärken und Ressourcen aller Familienmitglieder aufzuspüren und die aktuellen Möglichkeiten zu nutzen, dem Kind und der gesamten Familie wieder eine positive Entwicklung zu eröffnen.

Genau darum geht es im dritten Teil des Buches. Hier werden Haltungen und Vorgehensweisen dargestellt, durch die Sie Ihrem Kind helfen können, die unterschiedlichen Aufgaben, die das Leben ihm im Laufe von Kindheit und Jugendzeit stellt, ohne Angst und Rückzug anzugehen und zu bewältigen. Sie werden sehen, dass es einen ganzen Strauß von Vorgehensweisen gibt, mit denen Sie die Lösung des Problems angehen können. Sie werden selbst herausfinden, welcher Ansatz den in Ihrer Familie aufgetretenen Problemen am besten entspricht und welches Vorgehen zu Ihnen am besten passt. Auf diese Weise werden Sie in den meisten Fällen viel erreichen können. Zuweilen wird es aber auch sinnvoll sein, zusätzlich professionelle Unterstützung in Anspruch zu nehmen. Sie werden dann zusammen mit einer Therapeutin oder einem Therapeuten und Ihrem Kind oder Jugendlichen ein Team bilden, das die Aufgabe gemeinsam bewältigt.

Das heißt: Die Therapeutin oder der Therapeut wird Ihnen nicht den »richtigen« Lösungsweg vorschreiben können – den gibt es nicht – und schon gar nicht ohne Ihre Mitwirkung die Lösung erreichen. Sie wird Sie – als Eltern – und Ihr Kind vielmehr mit vielen Fragen und Anregungen dabei unterstützen, die für Ihre Familie passende Lösung zu entwickeln.

Wilhelm Rotthaus
Bergheim, im Januar 2020

1 ANGSTSTÖRUNGEN ERKENNEN

Typische Ängste von Kindern und Jugendlichen im Laufe ihrer Entwicklung

Im Laufe der Kindheit beobachten und erfahren Kinder ständig etwas Neues. Und immer wieder müssen sie einschätzen, ob dieses Neue möglicherweise bedrohlich oder gefährlich ist. Dabei hilft die Angst. Sie ist sozusagen ein Signalgeber, der in der Begegnung mit Unbekanntem ruft: »Pass auf!« Das Kind verhält sich also klug, wenn es sich auf den Zuruf seiner Angst hin erst einmal zurückzieht, um die Situation genauer zu beurteilen. Zumeist sucht es dann zunächst einmal die Nähe seiner Eltern oder sonstiger Bezugspersonen und holt sich Sicherheit, um dann erneut einen Schritt in diese spannende Welt zu machen. Die Angst hilft also dem Kind dabei, sich bei seinem Bestreben, die Welt zu erobern, vor Gefahren zu schützen. Auf die Weise baut es einen zunehmend großen Erinnerungsschatz auf und entwickelt eine geistige Reife, die es ihm in immer größerem Umfang möglich macht, Bekanntes von Unbekanntem zu unterscheiden. Es lassen sich deshalb alterstypische Ängste beschreiben, die nahezu bei jedem Kind und jedem Jugendlichen in einer bestimmten Altersspanne auftreten.

Während der Kindheit ist die Angst vor dem Verlust der Geborgenheit das zentrale, sozusagen »durchlaufende« Thema. Im Übrigen treten die folgenden Ängste typischerweise während der unterschiedlichen Altersstufen auf:

- 1 bis 9 Monate: Angst, ausgelöst durch laute Geräusche
- 6 bis 12 Monate: Angst vor dem Unbekannten, vor fremden Menschen, fremden Objekten, Höhenangst sowie Angst vor der Trennung von den Bezugspersonen und Angst vor Verletzungen
- 2 bis 4 Jahre: Angst vor Tieren, Angst vor Dunkelheit, Angst vor Fantasiegestalten und Einbrechern
- 6 bis 8 Jahre: Angst vor übernatürlichen Dingen, vor Donner und Blitz, vor dem Alleinsein und Angst, ausgelöst durch Fernsehen und Filme
- 9 bis 12 Jahre: Angst vor Prüfungen in der Schule und soziale Ängste
- 12 bis 18 Jahre: soziale Ängste in Form von Angst vor der Zurückweisung durch Gleichaltrige; bei den Älteren auch Angst vor politischen oder ökonomischen Krisen und Gefahren

Natürlich sind diese Angaben nur grob orientierende Werte.

Angststörungen

Während also bestimmte Ängste in den unterschiedlichen Zeiten des Lebens völlig normal sind, spricht man von einer Angststörung, wenn Angst in einem so hohen Maße und über längere Zeit so häufig auftritt, dass das Kind oder der Jugendliche die Aufgaben, die sich in seinem Lebensalter stellen, nicht zu bewältigen vermag. Es nimmt zu anderen Kindern keinen Kontakt auf, schließt keine Freundschaften, weigert sich, in den Kindergarten zu gehen, geht möglicherweise nicht alleine aus dem Haus, scheut davor zurück, selbstständig kleine Aufgaben zu übernehmen, bekommt als Schulkind morgens heftige Bauchschmerzen, sodass es nicht zur Schule geht, und vieles andere mehr. In seiner Entwicklung und seinen

Lernfortschritten droht es ernsthaft Schaden zu nehmen. Vor allem den Erwachsenen, die sein Verhalten beobachten, wird deutlich, dass es Hilfe und Unterstützung braucht, um sein Leben wieder in den Griff zu bekommen. Viele Kinder, aber nicht alle, leiden unter dieser Situation. Dass sich solche Ängste »von alleine auswachsen«, sollte man nicht erwarten.

In der Fachwelt unterscheidet man verschiedene Formen von Angststörungen. Ihre Beschreibung kann auch für Laien zur Einordnung der Ängste ihrer Kinder nützlich sein.

Angststörung mit Trennungsangst

> **DER ACHTJÄHRIGE JANNIK** hat sich schon als Baby ungern von seiner Mutter getrennt. Später wehrte er sich so heftig gegen die Versuche seiner Eltern, ihn in den Kindergarten zu schicken, dass diese schließlich aufgegeben haben. Seit einiger Zeit klagt er morgens vor dem Schulbesuch über Bauchschmerzen und Übelkeit. In der Mittagsbetreuung verweigert er das Essen. Jannik schläft nie allein in seinem Zimmer. Manchmal übernachtet die Mutter in seinem Bett, oder er sucht nachts das elterliche Schlafzimmer auf. Seit einiger Zeit gibt es viel Streit zwischen den Eltern. Der Vater wirft der Mutter vor, sie verhalte sich zu nachgiebig; die Mutter beschuldigt den Vater, dass er kein Verständnis für die Schwierigkeiten des sensiblen Jungen habe. Seit kurzer Zeit weigert sich Jannik auch tagsüber, alleine in einem Zimmer zu bleiben. Die Trennungsängste treten besonders in neuen, unbekannten Situationen auf oder wenn die Mutter Termine wahrnehmen muss. In einer solchen Trennungssituation äußerte Jannik kürzlich gegenüber seiner Mutter, er wolle nicht, dass sie sterbe.

Kinder mit Trennungsangst äußern eine überwältigende Angst davor, eine wichtige Person zu verlieren. Sie äußern die Befürchtung, dieser Person könne etwas Schlimmes zustoßen, ein Elternteil könne auf der Fahrt zur Arbeit verunglücken oder es könne sonst etwas Schreckliches geschehen, sodass sie ihre Bezugsperson nie wiedersehen würden. Manche Kinder äußern die Befürchtung, sie könnten selbst gekidnappt werden oder verloren gehen. Sie weigern sich nicht selten, in den Kindergarten oder in die Schule zu gehen. Andere Kinder sind nicht bereit, tagsüber auch nur kurze Zeit einmal allein zu Hause zu bleiben, abends ohne die Nähe der Bezugsperson einzuschlafen oder überhaupt im eigenen Bett zu schlafen. Eltern berichten über langwierige Zubettgehsituationen, das Schlafen des Kindes im elterlichen Bett und das Fehlen altersentsprechender Erfahrungen mit Übernachtungen bei Freunden. Wenn eine Trennung von der Hauptbezugsperson bevorsteht, klagen die Kinder oft über körperliche Symptome wie Herzklopfen, Schwindelgefühle, Kopfschmerzen, Bauchschmerzen und Übelkeit.

Störungen mit Trennungsangst haben unter den Angststörungen im Kindes- und Jugendalter den frühesten Beginn. Ein Drittel der betroffenen Kinder zeigen sich oft traurig und lustlos, ein Fünftel von ihnen weist gleichzeitig eine Aufmerksamkeitsdefizit-Hyperaktivitätsstörung oder eine Störung mit oppositionellem Trotzverhalten auf. Etwa 10 % der betroffenen Kinder fangen wieder an einzunässen. Die Ängste können bis ins Erwachsenenalter bestehen bleiben, wo sie meist als Panikstörung oder als Agoraphobie in Erscheinung treten.

Spezifische Phobie

> **DIE SIEBENJÄHRIGE AMELIE** hat Angst, mit Aufzügen oder öffentlichen Verkehrsmitteln zu fahren. Ihre Ängste haben sich seit gut einem halben Jahr entwickelt, nachdem sie mit ihrer Oma im Aufzug am Arbeitsplatz der Mutter stecken geblieben war und es eine halbe Stunde gedauert hatte, bis sie »befreit« wurden. Amelie macht sich jetzt ständig Sorgen, dass ihrer Mutter das Gleiche widerfahren könne. An diesen Gedanken knüpfte sie dann die Sorge, ob ihre Mutter sie auch von der Schule abholen werde. Während sie früher ihre Mutter gerne zu ihrer Arbeitsstätte begleitet hat, verweigert sie dies in den letzten Monaten, da ihr bereits der Anblick des Aufzugs Angst bereitet. In den Angstsituationen zeigt Amelie erhebliche körperliche Reaktionen wie Herzklopfen, Zittern, Atemnot bis hin zu Erbrechen.

Von einer spezifischen Phobie spricht man, wenn Kinder oder Jugendliche eine ausgeprägte Angst vor bestimmten Objekten (z. B.

Spritzen), Situationen (z. B. Dunkelheit) oder Tieren (z. B. Hunden) zeigen, auch wenn seitens außenstehender Beobachter keine Gefahr zu erkennen ist. Sie beginnen dann, die gefürchtete Situation in zunehmendem Maße zu vermeiden oder aus ihr zu flüchten. Die häufigsten Inhalte spezifischer Phobien bei Vor- und Grundschulkindern sind Angst vor Fremden, vor Dunkelheit oder vor Tieren sowie Angst um die eigene Sicherheit, bei den Zwölf- bis Siebzehnjährigen Angst vor Tieren, Naturkatastrophen und vor spezifischen Situationen wie engen Räumen, Fahrstühlen, Tunnel, hohen Brücken und Ähnlichem. Bei genauerem Nachfragen sehen die Kinder, besonders die Jugendlichen, oft ein, dass ihre Angstreaktion unangemessen und übertrieben ist. Diese Einsicht bringt aber keine Erleichterung. Sie kann bei jüngeren Kindern auch noch nicht vorhanden sein.

Während der phobischen Reaktion kommt es bei den Kindern und Jugendlichen zu starken körperlichen Reaktionen wie Herzklopfen, Zittern, Schwitzen oder Bauchschmerzen. Sie malen sich aus, welche schrecklichen Dinge in der angstbesetzten Situation geschehen könnten. Die Kinder suchen die Nähe ihrer Eltern oder sonstiger Bezugspersonen, die ihnen Sicherheit geben. Sie klammern sich an sie an, weinen oder reagieren wie gelähmt. Wenn sie gedrängt werden, sich der Situation zu stellen, zeigen manche ein aggressives Verhalten; sie schreien, bekommen Wutanfälle und schlagen um sich.

Soziale Phobie

JOHANNA, 17 JAHRE, ist seit ihrer Kindergartenzeit zurückhaltend, schüchtern und introvertiert. Die Probleme haben mit den Jahren zugenommen. In der Grundschule und später in der Hauptschule hat Johanna sich immer mehr verschlossen. Sie geht nicht auf Menschen zu und knüpft keine Kontakte, vermeidet jegliche Konfliktsituation und traut sich kaum, eine eigene Meinung zu äußern. Die Mutter hat ihrer Tochter immer wieder zugeredet, sich mit Gleichaltrigen zu verabreden, und auch mehrfach Mitschülerinnen eingeladen. Aber Johanna hat mit ihnen kaum geredet. Die Jugendliche hat inzwischen in nahezu allen Lebensbereichen Angst davor, im Zentrum der Aufmerksamkeit zu stehen, sich peinlich oder beschämend zu verhalten. Johanna schämt sich, in der Öffentlichkeit zu essen und mit anderen Personen zu reden, und zeigt generell Angst, sich außerhalb des häuslichen Rahmens aufzuhalten. Das Mädchen hat das Gefühl, dass alle sie bewerten und denken, wie dick, hässlich und dumm sie sei. Johanna mochte nie ihren kräftigen Körper, aber jetzt sagt sie, sie würde ihn hassen. In sozialen Situationen zeigt sie Symptome wie Zittern, Schwitzen und Erröten; seit Kurzem verstummt sie in angstbesetzten Situationen völlig. Im Übrigen klagt Johanna über eine gedrückte Stimmung, Freudlosigkeit und übermäßige Müdigkeit. Seit Langem streiten die Eltern darüber, wie am besten mit Johanna umzugehen sei. Die energische Mutter macht viel Druck auf Johanna. Der Vater, selbst eher schüchtern und zurückhaltend, ist sehr besorgt, was die Nachbarn über die Familie denken. Seine Schwester wirft der Mutter vor, die anderen Familienmitglieder durch ihre aktive, bestimmende Art zu unterdrücken.

Bei fast allen Kindern treten mit der zunehmenden Fähigkeit, Situationen aus der Perspektive eines anderen zu betrachten, Ängste vor sozialer Beurteilung auf. Sie stellen sich die Fragen: »Wer bin ich?« und »Wie sehen mich die anderen?«. Es tauchen Selbstzweifel auf und Sorgen darüber, wie sie nach außen wirken und was andere über sie denken können. Derartige Episoden sozialer Angst sind Teil der normalen Entwicklung. Die Kinder und Jugendlichen bilden in diesen Auseinandersetzungen schrittweise eine eigene Identität aus und eine wachsende Unabhängigkeit von ihren Eltern.

Bei manchen Kindern und Jugendlichen ist die soziale Angst stärker ausgeprägt und anhaltender als bei den meisten Gleichaltrigen. Man spricht dann von *Schüchternheit.* Diese Kinder neigen dazu, im Kontakt mit Fremden gehemmt und rückzüglich zu reagieren. Sie haben oft die Sorge, dass die Gleichaltrigen sie ablehnen könnten, und sie trauen sich im Kontakt mit ihnen wenig zu. Insofern ähneln sie in ihrem Verhalten solchen Kindern, die als sozialphobisch bezeichnet werden. Schüchterne Kinder sind aber in der Regel bereit zu überprüfen, was tatsächlich bei der Begegnung mit anderen passiert und ob die anderen ihnen nicht doch freundlich gesinnt begegnen.

Von einer sozialen Phobie sollte erst dann gesprochen werden, wenn Kinder oder Jugendliche eine dauerhafte, unangemessene Furcht vor sozialen Situationen oder Leistungssituationen zeigen. In diesen Situationen oder bei ihrer gedanklichen Vorwegnahme treten körperliche Reaktionen auf in Form von Herzklopfen, Zittern, Schwitzen, Erröten, Kälteschauern, Schwächegefühl, Übelkeit und einer veränderten Atmung. Die Kinder und Jugendlichen entwickeln eine Flut negativer Gedanken über eigene Unzulänglichkeiten und die daraus folgenden Schwierigkeiten vor allem im Kontakt mit Gleichaltrigen. Die sozialen Ängste drücken sich beispielsweise aus in Stottern, geringem Augenkontakt und Nägelkauen. Viele Jugendliche glauben, dass die anderen an ihren körperlichen Reaktionen ihre verborgenen Gefühle ablesen können, wodurch sie noch ängstlicher werden und in einen Teufelskreis zunehmender Angst geraten.

Die häufigste Angst von Kindern und Jugendlichen mit sozialer Phobie besteht darin, vor anderen Menschen etwas falsch zu machen: Sie fürchten, dass etwas Peinliches oder Beschämendes geschieht und dass sie für dumm oder schwach gehalten werden. Sie haben Angst, sich in der Schule zu melden, weil sie fürchten, eine falsche Antwort zu geben und ausgelacht zu werden. Sie fürchten Prüfungen in der Schule, das Reden vor einer Gruppe, häufig mit der Folge sinkender Schulleistungen aufgrund mangelnder mündlicher Beteiligung und von Prüfungsängsten. Die Unterhaltung mit Gleichaltrigen wird vermieden aus Angst, nicht mitreden zu können oder verlacht zu werden. In Reaktion darauf werden die Interessen der Gleichaltrigen häufig als »unreif« und »oberflächlich« bewertet, womit die Vermeidung solcher Kontakte gerechtfertigt wird. Ebenfalls wird vermieden, an einer Veranstaltung teilzunehmen oder zu einer Party zu gehen. Mitunter kann auch die Befürchtung auftreten, in einer bestimmten Situation, beispielsweise beim Einkaufen oder in der Schule, einzunässen. In den meisten Fällen erkennen die Kinder oder Jugendlichen, dass ihre Angst übertrieben oder unbegründet ist.

Im Alter von 8 bis 12 Jahren treten sozialphobische Verhaltensweisen am häufigsten in der Schule auf. Sie betreffen vor allem die dort stattfindenden alltäglichen Bewertungssituationen durch Gleichaltrige und Lehrer (Prüfungssituationen). Sozial ängstliche Kinder sind in der Regel wenig aggressiv, wenig impulsiv und zeigen wenig dissoziale Verhaltensweisen. Sie sind in ihrem Verhalten relativ angepasst und regelorientiert und bringen Erwachsene nicht unter unmittelbaren Handlungsdruck. Manche Kinder und Jugendliche entwickeln »einsame Hobbys« wie das unentwegte Spielen am Computer.

Soziale Phobien im Kindes- und Jugendalter halten oft lange an, auch wenn die Inhalte zuweilen wechseln. Untersuchungen haben nachgewiesen, dass soziale Phobien Erwachsener häufig bereits im Kindes- und Jugendalter begonnen haben.

Generalisierte Angststörung

> **JONAS, 9 JAHRE ALT,** zeigte sich bereits im Kindergarten ängstlich, unsicher und zurückhaltend. In den Folgejahren trat dieses Verhalten immer stärker auf. Der Junge entwickelte eine ängstlich-sorgenvolle Grundstimmung. Seit etwa zwei Jahren reagiert er auf alle neuen Situationen mit Angst und Besorgnis und daraus resultierenden psychosomatischen Beschwerden (Bauchschmerzen, Übelkeit, Erbrechen, Durchfall, Schwitzen und Müdigkeit). Er äußert Angst, die Bezugspersonen zu verlieren, und ständig quält er sich mit dem Gedanken, dass »jederzeit etwas passieren kann«. Darüber hinaus spricht er über seine Angst vor schulischem Versagen, obwohl seine Leistungen in der Schule relativ gut sind. Die Eltern berichten von einem Urlaubsflug nach Tunesien. Schon vor dem Flug habe Jonas Angst geäußert und sei sehr aufgeregt gewesen. Im Flugzeug habe er über Bauchschmerzen geklagt und sich übergeben. Während des zweiwöchigen Aufenthalts in Tunesien sei diese Problematik ab und zu aufgetaucht, wenn sie neue Aktivitäten unternommen und immer wenn sich neue Situationen ergeben hätten. Während des Rückflugs habe er die gleichen Probleme gezeigt. Seitdem betone er immer wieder, dass er zu Hause bleiben und auch nicht mehr zur Schule gehen wolle. Sie, die Mutter, sei inzwischen völlig fertig von den ständigen Fragen, mit denen Jonas sie verfolge. Der Vater habe den Jungen oft beschimpft und ihn aufgefordert, sich endlich zusammenzunehmen. Seit dem ganzen Stress im Urlaub habe er resigniert und lasse sie mit den Problemen allein.

Wenn Kinder und Jugendliche übermäßige und unkontrollierbare Sorgen äußern, sich von diesen Ängsten überwältigt fühlen und

Stunden damit verbringen, darüber nachzudenken, was während des vorangegangenen Tages passiert ist und was morgen passieren könnte, spricht man von einer *generalisierten Angststörung*. Inhalte der Sorgen und Ängste sind die Qualität ihrer Leistungen, die Fähigkeiten in der Schule oder beim Sport, die Pünktlichkeit, Naturkatastrophen wie Erdbeben, der Einschlag eines Kometen, Kriege oder mögliche Fehler, die vorausgesehen werden, und Schwierigkeiten, in die sie geraten könnten. Sie können beispielsweise jeden Tag große Angst davor haben, dass ein Krieg ausbrechen könnte, dass die Eltern vielleicht krank werden und sterben oder sie selbst einen Unfall haben. Wenn diese Kinder einen Fernsehbericht über einen Mordfall anschauen, kann es geschehen, dass sie beginnen, sich darüber Sorgen zu machen, selbst umgebracht zu werden. Sie scheinen nicht zu bemerken, dass ein Eintreten der Ereignisse, über die sie sich Sorgen machen, sehr unwahrscheinlich ist. Die Angst geht zumeist einher mit Ruhelosigkeit, Müdigkeit, Konzentrationsschwierigkeiten, Reizbarkeit, Muskelverspannungen und Schlafstörungen.

Die Kinder werden von den Eltern häufig als »Grübler« beschrieben, die der Überzeugung sind, dass sie wenig Einfluss auf den Ausgang einer Situation nehmen können. Manche Kinder verfügen über eine außerordentliche Fähigkeit, sich negative, höchst unwahrscheinliche Umstände einer Gegebenheit vorzustellen. Sie »nerven« Eltern und Lehrer mit ständigen Fragen über zukünftige Ereignisse oder die Beurteilung ihrer Leistungen. Ständig sind sie darum bemüht, Anerkennung und Bestätigung vor allem von Erwachsenen einzuholen. Wenn eine Klassenarbeit ansteht oder ein Referat gehalten werden soll, suchen sie den Schulbesuch zu vermeiden. Oft rufen sie aus der Schule an, klagen über psychosomatische Beschwerden und fordern, von den Eltern abgeholt zu werden. Die Kinder haben wenig Selbstvertrauen und eine geringe Selbstwirksamkeitsüberzeugung.

Panikstörung

DER 17-JÄHRIGE MAX erlebt seit einiger Zeit immer wieder plötzliche Angstzustände, die ihn in seinem Alltag sehr beeinträchtigen.

Er hat dann Kreislaufprobleme, sein Herz fängt an zu rasen, er schwitzt, hat Atemnot und ein Erstickungsgefühl. Zum ersten Mal habe er die Symptome vor einem Jahr gehabt, sodass er mit dem Verdacht auf eine Herzmuskelentzündung ins Krankenhaus gekommen sei. Dort habe man aber bis auf einen leicht erhöhten Blutdruck keine körperlichen Auffälligkeiten feststellen können. Auch nachdem er beim Judo – den Sport betreibt er intensiv seit mehreren Jahren – auf der Matte fast zusammengebrochen sei, habe man keine körperlichen Ursachen feststellen können. Er sei ratlos und wisse nicht, was mit ihm los sei. Er fürchte sich vor diesen Angstzuständen, die völlig unvermittelt auftreten würden und so heftig seien, dass er Angst habe zu sterben. Inzwischen könne er nachts nicht mehr allein sein. Er nehme bei sich im Übrigen eine schnellere Ermüdbarkeit wahr und fühle sich durch seinen Körper »wie ausgebremst« und überhaupt sehr verunsichert. Viele Entscheidungen traue er sich nicht mehr zu.

Als Panikstörung werden zeitlich begrenzte Episoden akuter Angst bezeichnet. Charakteristisch ist das plötzliche, oft als nicht vorhersehbar erlebte Auftreten von Herzklopfen, Schwitzen, Atemnot und Erstickungsgefühl, Schwindel, Durchfall und Bauchschmerzen, Übelkeit, Zittern, Furcht zu sterben und Angst, verrückt zu werden oder die Kontrolle zu verlieren – dies die häufigsten Symptome bei Jugendlichen. Die Symptome erreichen typischerweise innerhalb von 10 Minuten ihren Höhepunkt und gehen dann im Laufe der nächsten 20 Minuten langsam zurück. Ein weiteres Kriterium ist die Angst, eine erneute Panikattacke zu bekommen, die den Jugendlichen nicht selten in einen Teufelskreis aus Angst und Angst vor der Angst treibt.

Über 90 % der ersten Panikanfälle treten an einem öffentlichen Ort auf, beispielsweise in Kaufhäusern, Kinos, öffentlichen Verkehrsmitteln oder bei Autofahrten. Die Jugendlichen vermeiden im weiteren Verlauf oft die Orte, an denen sie zuvor eine Panikattacke gehabt haben oder an denen nach ihren Befürchtungen eine Panikattacke auftreten könnte. Sie vermeiden auch Situationen, in denen möglicherweise keine Hilfe verfügbar wäre. Sie schränken ihre Aktivitäten ein. In schweren Fällen zeigen sie eine immer stärker werdende Tendenz, Alltagssituationen auszuweichen, bis sie sich schließlich weigern, das Haus überhaupt noch zu verlassen. Die meisten der Betroffenen fühlen sich nach einer Panikattacke müde, abgeschlagen und depressiv.

Eine Panikstörung tritt zumeist erst im Jugendalter auf. Häufig haben die Jugendlichen bereits im Kindesalter eine Angststörung mit Trennungsangst gezeigt. Die Panikstörung beeinträchtigt das Leben in erheblichem Maße. Kurz vor ihrem Beginn ist bei vielen Jugendlichen (rund 80 %) ein schwerwiegendes Lebensereignis wie eine plötzliche, schwere Erkrankung oder der Tod von nahen Angehörigen oder Freunden beziehungsweise eine Erkrankung des Jugendlichen selbst vorausgegangen.

Agoraphobie

LEA, 16 JAHRE, besucht die neunte Klasse eines Gymnasiums. Sie klagt über große Ängste vor dem Fahren mit einer Straßenbahn oder mit einem Bus. Sie habe einmal in einem überfüllten Bus Angstzustände erlebt und gefürchtet, keine Luft mehr zu bekommen und den Bus nicht schnell genug verlassen zu können. Seitdem verweigert sie die Benutzung öffentlicher Verkehrsmittel. Beim Einkaufen vermeidet sie Geschäfte, in denen sich viele Menschen aufhalten. Sie äußert die Befürchtung, beim Auftreten von Ängsten nicht schnell genug das Geschäft verlassen zu können. Lea ist schon immer ein Kind mit vielen Ängsten gewesen. Zu Beginn des Grundschulbesuchs hatte sie heftige Trennungsängste gezeigt, derentwegen die Familie eine Beratungsstelle aufgesucht hatte. Die Mutter leidet selbst an gelegentlich auftretenden Panikattacken und hat kaum Kontakte nach außen. Auch Lea besucht nur noch selten ihre Freundinnen von früher. Die Situation in der Familie ist sehr schwierig geworden. Gemeinsame Familienunternehmungen sind praktisch nicht mehr möglich. Der Vater versucht neben seinem Beruf, seiner Frau und Lea so gut es geht zu helfen. Er fährt seine Tochter jeden Tag zur Schule und holt sie dort auch wieder ab. Er erledigt nahezu alle Einkäufe und übernimmt alle zu erledigenden Termine, zeigt sich aber sehr belastet, erschöpft und ein Stück resigniert.

Die Agoraphobie ist eine Angststörung, die im Kindes- und Jugendalter selten auftritt und erst im jungen Erwachsenenalter den ersten Auftretensgipfel erreicht. Sie ist gekennzeichnet durch die Tendenz, bestimmte Situationen zu vermeiden, in denen Flucht oder Vermeidung nicht möglich oder Hilfe im Fall des Auftretens von Paniksymptomen nicht verfügbar ist. Charakteristisch ist die Angst vor dem Fahren in öffentlichen Verkehrsmitteln, vor dem Besuch von Räumen, in denen viele Menschen sind (Kaufhäuser, Kinos und Restaurants), sowie vor dem Fahren mit Autos oder dem Benutzen von Fahrstühlen. Die Jugendlichen fürchten beispielsweise, der Aufzug könne stecken bleiben oder im Kaufhaus würde ein Feuer ausbrechen und sie seien dann nicht mehr in der Lage, aus der Situation zu entkommen. Nahezu alle Situationen werden nun als bedrohlich erlebt, die eine Entfernung von einem »sicheren Ort« (meistens das Zuhause) oder eine Einschränkung der Bewegungsfreiheit bedeuten – Situationen, in denen die Jugendlichen das Gefühl haben, »in der Falle zu sitzen«.

Prüfungsangst

BEN, DER DIE KLASSE 5 besucht, klagt seit einem Jahr vor jeder Klassenarbeit morgens über Bauch- und Kopfschmerzen und bittet dann halb trotzig, halb jammernd die Eltern, ihm eine Entschuldigung zu schreiben, damit er zu Hause bleiben könne. Die Nacht, so berichtet er, habe er kein Auge zugetan und immer an die Klassenarbeit denken müssen. Die letzten Arbeiten seien sehr schlecht ausgefallen, auch dann, wenn die Eltern sich zuvor überzeugt hätten, dass er den Schulstoff beherrsche. Ben schildert, dass er bei Klassenarbeiten in letzter Zeit oft vor dem Heft sitze und »ein Brett vor dem Kopf« habe, dass er »an gar nichts denke« oder dass ihm ständig dieselben Gedanken durch den Kopf gingen, wie: »Du schaffst das sowieso nicht!«, »Jetzt habe ich alles vergessen!«, »Die Aufgaben sind viel zu schwer!«, »Wäre ich doch nur zu Hause geblieben!«. In der letzten Zeit hat Ben nach Angaben der Eltern immer häufiger geklagt, er wolle gar nicht mehr zur Schule gehen, er sei ein Versager.

Von Prüfungsangst wird gesprochen, wenn Kinder oder Jugendliche auf Prüfungssituationen mit einem Übermaß von Sorge, körperlichen Reaktionen und als unkontrollierbar erlebten, sich selbst abwertenden Gedanken reagieren. Anders als bei anderen Ängsten wird die angstauslösende Situation aber eher selten vermieden, auch wenn ein Versagen bei schulischen Tests und Klassenarbeiten befürchtet wird.

Prüfungsangst ist ein verbreitetes Problem, das von der Hälfte aller Kinder und Jugendlichen in einer Phase ihres Lebens berichtet wird. Kinder mit Prüfungsangst weisen schlechtere schulische Leistungen auf als ihre Altersgenossen ohne Prüfungsangst. Darüber hinaus betrachten sie sich selbst als weniger sozial kompetent, haben eine geringere Selbstachtung und machen sich mehr Sorgen als andere Kinder.

Albträume

> **LEONIE, FÜNF JAHRE,** wird morgens oft gegen 4:00 Uhr in der Frühe wach, schreit, ist nass geschwitzt und weiß nicht, wo sie ist, bis ihre Mutter oder ihr Vater das Licht anmachen. Sie drängt ins Bett der Eltern. Dort auf ihren Traum angesprochen, erinnert sie sich: Sie musste um ihr Leben rennen, wurde verfolgt von einer Gestalt, die sie in ein dunkles Tuch wickeln und wegtragen wollte. Leonie stolperte, fiel zu Boden, fühlte schon die Hand des unheimlichen Mannes – und wachte auf.

Fast die Hälfte der Kinder zwischen sechs und elf Jahren haben gelegentlich Albträume, 5 % sogar einmal pro Woche. Bis zur Pubertät leiden Jungen und Mädchen gleich häufig an Albträumen. Danach verschiebt sich das Verhältnis deutlich, und die Mädchen werden dreimal häufiger von angstmachenden nächtlichen Träumen heimgesucht. Aber solange das seltener als einmal die Woche geschieht und die Kinder keine Angst vor dem Einschlafen haben, besteht noch kein Grund zur Sorge. Albträume tauchen meist in der zweiten Nachthälfte auf.

Wenn die Kinder aus dem Traumschlaf aufschrecken, erinnern sie sich fast immer lebhaft an die gerade durchlebten Emotionen und Bilder. Solche Angstträume handeln oft davon, dass sie von einer mächtigen Person verfolgt werden. In rund der Hälfte aller Albträume flüchten die Schlafenden und drohen, ins Bodenlose zu stürzen. Die bedrohlichen Figuren sind in der Regel menschlicher Natur; Tiere oder Fantasiewesen wie Monster und Hexen tauchen seltener auf. Der häufigste Auslöser von Albträumen ist offenbar Stress etwa in der Familie, in der Schule oder im Freundeskreis. Tatsächlich kommen in Träumen oft Erlebnisse des vergangenen Tages vor.

Häufig mit Albträumen verwechselt wird der *Pavor nocturnus*, auch »nächtliches Aufschrecken« genannt. Er tritt üblicherweise im Tiefschlaf etwa eine Stunde nach dem Einschlafen auf – oft begleitet von einem Schrei. Die Eltern finden das Kind nicht selten im Bett aufrecht sitzend vor mit erhitztem Gesicht und in Schweiß gebadet. Es kann nicht über Angsterlebnisse berichten, äußert sich höchstens bruchstückhaft und unvollständig. Die Beruhigungsversuche der Eltern scheint es zunächst gar nicht wahrzunehmen. Wenn es dann aufwacht, blickt es erstaunt umher, ist verwirrt und kann sich an keine bösen Träume erinnern. Meist beruhigt es sich schnell und kann dann weiterschlafen.

2 ANGSTSTÖRUNGEN VERSTEHEN

Die Kooperation des Angstzentrums mit der vorderen Hirnregion

Im Gehirn arbeiten bestimmte Regionen eng zusammen, die für die Sicherheit und das Überleben des Menschen sorgen. Dabei handelt es sich zum einen um das Angstzentrum (die Amygdala), das mit einem nahe gelegenen Bereich des Gehirns (dem Hippocampus) kooperiert, in dem Erinnerungen gespeichert werden. Wird von dem Menschen eine bestimmte Situation wahrgenommen, wird seitens des Angstzentrums mit diesem Bereich blitzschnell abgleichen, ob es sich dabei um einen mehr oder weniger vertrauten Reiz handelt oder um etwas völlig Unbekanntes oder auch Gefährliches. Ist Letzteres der Fall, wird im Bruchteil eines Bruchteils einer Sekunde eine Notfallreaktion ausgelöst, um den Menschen in kürzester Zeit optimal für einen Kampf oder eine Flucht vorzubereiten.

In den meisten Fällen allerdings wird die Erregung zur vorderen Hirnregion (dem präfrontalen Kortex) weitergeleitet, die die Aufgabe hat, in etwas ruhigerer Beurteilung, aber auch noch im Bruchteil einer Sekunde die Situation als bekannt oder unbekannt, gefährlich oder ungefährlich einzuschätzen. Kommt diese Hirnregion zu der Überzeugung, dass die Situation ungefährlich ist, werden hemmende Signale zum Angstzentrum gesendet, damit wieder Beruhigung eintritt. Erscheint die Sache zwar nicht lebensbedrohend, aber doch möglicherweise gefährlich, wird ein gewisses Maß an Angst aufrechterhalten, um den Menschen zu einem vorsichtigen Verhalten zu veranlassen.

Bemerkenswert ist, dass der präfrontale Kortex die Hirnregion ist, die am spätesten ausreift – häufig erst im jungen Erwachsenenalter. Dieser neurologische Befund erklärt die bekanntermaßen oft heftigen Gefühlsschwankungen im Jugendalter, die eine noch geringe Kontrolle durch den präfrontalen Kortex erfahren.

Angst – unser Freund und Helfer

Wenn man selbst oder sein Kind unter einem Zuviel von Angst leidet, dann kann man sich schwer vorstellen, dass Angst unser bester Freund und Helfer sein soll. Aber tatsächlich ist Angst das wichtigste Gefühl, das Menschen – wie alle Lebewesen – haben. Es veranlasst sie, gefährliche Dinge nur mit großer Aufmerksamkeit auszuführen, und bewahrt sie davor, ein Verhalten zu zeigen, das lebensgefährlich ist. Hätten unsere Kinder keine Angst, würden sie ohne Vorsichtsmaßnahmen auf hohe Mauern oder Bäume steigen oder auf die Straße laufen, ohne rechts und links zu schauen. Manchmal wird die Angst allerdings zu groß. Sie verhindert dann normale, ganz und gar nicht gefährliche Verhaltensweisen und löst viel Leid sowohl bei dem Kind als auch in der Folge bei den Eltern aus.

Schon vor zigtausend Generationen hat die Angst den Menschen im Kampf ums Überleben unterstützt und geschützt. Das geschieht, wenn unser Gehirn – wie oben dargestellt – in einem Bruchteil eines Bruchteils einer Sekunde zu der Überzeugung kommt, die Situation, in der sich ein Mensch befindet, könnte lebensgefährlich sein oder werden. Es wird dann eine Kaskade körperlicher Reaktionen ausgelöst, um den Körper in optimaler Weise auf Kampf oder Flucht vorzubereiten. Dieses Programm ist in allen Menschen

– wahrscheinlich in ähnlicher Weise in allen Lebewesen – seit »ewigen Zeiten« fest verankert, und die meisten Menschen haben diese körperlichen Symptome in Augenblicken heftiger Angst bereits erlebt: Das Herz fängt an zu rasen und »schlägt bis zum Hals«, die Atmung wird schneller, was auch als Atemnot empfunden werden kann, die Muskeln werden angespannt, die »Knie schlottern«, wenn das Zittern der Muskeln Wärme produziert, und die Körpertemperatur steigt, sodass der Mensch anfängt zu schwitzen. Diese Reaktionen dienen dazu, den Körper in Gefahrensituationen auf Kampf oder Flucht vorzubereiten.

Angst als Signal für einen anstehenden Entwicklungsschritt

Angst schützt aber nicht nur, sondern sorgt auch für Entwicklung. Sie tritt auf, wenn sich beispielsweise einem Kind neue Aufgaben stellen, die seine Fähigkeiten herausfordern oder aber die Weiterentwicklung vorhandener Fähigkeiten verlangen. Das Kind erlebt dann Stress und Anspannung, was sich in dem Augenblick nicht angenehm anfühlt. Aber wenn die Herausforderung bewältigt wird, sind die Zufriedenheit und der Stolz umso größer. Allerdings kann es auch hier geschehen, dass die Angst und der damit einhergehende Stress ein so großes Ausmaß erreichen, dass die Fähigkeiten zum aktiven Handeln weitgehend blockiert und die Aufgaben nicht bewältigt werden.

Die neurobiologische Wissenschaft lehrt uns, dass Angst im Laufe unserer Stammesgeschichte der Motor war, wenn die Menschen gezwungen wurden, neue Entwicklungsschritte zu gehen. Kam es zu mehr oder weniger dramatischen Änderungen in der Umwelt des Menschen, verwies die Angst darauf, dass die bisherigen Bewältigungskompetenzen nicht mehr ausreichten und neue Fähigkeiten und Fertigkeiten entwickelt werden mussten. Wenn dies gelang, kam es zu einem Zuwachs an Kompetenzen. Zuweilen allerdings waren die Anpassungsanforderungen so groß, dass alte Verschaltungsmuster im Gehirn zunächst abgebaut werden mussten, um neue aufbauen zu können. Solche Umbauprozesse werden durch große Angst und den damit einhergehenden Stress begünstigt. Diese sehr belastenden Stressreaktionen sind zuweilen erforderlich, damit Menschen sich ändern und neuen Anforderungen anpassen können.

Als Botschaft seines Buches *Biologie der Angst* formuliert der Neurobiologe Gerald Hüther[1]:

> »*Die Angst ist ein Signal, das im Gehirn entsteht und sich im ganzen Körper ausbreitet, wenn etwas nicht stimmt. Und wir brauchen diesen Schutzmechanismus, damit wir rechtzeitig die Kurve kriegen und unser Leben verändern. Hätten wir keine Angst, dann könnten wir auch nicht lernen, was wir anders als bisher machen müssen. Die Angst ist also nicht unser Feind, sondern unser Freund – manchmal ziemlich bedrohlich, aber bisweilen braucht es eben einen etwas kräftigeren Impuls, damit wir aufwachen und die gewohnten, aber unbrauchbar gewordenen Bahnen verlassen.*«

Länger anhaltende Angst kann deshalb als ein Signal verstanden werden, wenn ein Mensch vor anstehenden Entwicklungsschritten ausweicht oder notwendige Entscheidungen bezüglich seines weiteren Lebens nicht trifft. Bei Kindern und Jugendlichen werden diese anstehenden Entwicklungsschritte häufig auch als Entwicklungsaufgaben bezeichnet, die sich ihnen zu den unterschiedlichen Zeiten ihres Lebens stellen, sei es beispielsweise bei der Trennung von der wichtigsten Bezugsperson beim ersten Kindergartenbesuch, bei der Weiterentwicklung sozialer Kompetenzen als Schulkind und schließlich bei der Ablösung aus der Familie im Jugendalter.

Allerdings werden diese im Laufe seines Lebens notwendigen Entwicklungsschritte nicht nur vom Kind allein vollzogen. Wenn ein kleines Kind beispielsweise den Schritt zu einem Kindergartenkind geht, muss gleichzeitig die Mutter von der ganz engen Verbundenheit mit dem Kleinkind Abschied nehmen, eine neue, etwas distanziertere Bezogenheit zu dem Kind entwickeln und die nun frei

1 Hüther, G. (2013): Bedienungsanleitung für ein menschliches Gehirn – Die Macht der inneren Bilder – Biologie der Angst. Göttingen (Vandenhoeck & Ruprecht).

werdenden Stunden für eigene, persönliche Anliegen nutzen. Häufig noch schwieriger für die Eltern ist es, wenn etwa ihre jüngste Tochter im Alter von beispielsweise 17 Jahren zunehmend unabhängig wird und sich vom Elternhaus löst. Die Eltern müssen sich dann damit auseinandersetzen, zukünftig in einer Familie ohne Kinder zu leben: Sie müssen als Paar eine irgendwie neue Art der Beziehung zueinander entwickeln und anstelle der Erziehung und Betreuung des Kindes bzw. der Kinder einen neuen Lebensinhalt finden, um in den nächsten vielleicht 40 Jahren ein erfülltes Leben führen zu können. Der Wissenschaftler Klaus Schneewind spricht deswegen auch statt über Entwicklungsaufgaben von Kindern und Jugendlichen über *Familienentwicklungsaufgaben*. Im Anhang (S. 101) dieses Buches finden sie deshalb zwei Tabellen, in denen neben den in der Wissenschaft häufig beschriebenen Entwicklungsaufgaben eines Kindes und denen eines Jugendlichen jeweils die parallelen Entwicklungsaufgaben von Müttern und Vätern aufgeführt sind.

Keine Angst haben wollen

Wenn Kinder oder Jugendliche unter ihrer Angst leiden, die sie an vielen Dingen hindert, die sie gerne tun möchten, äußern sie den ganz verständlichen Wunsch: »Ich will keine Angst mehr haben.« Sie versuchen, ihre Angst zu »bekämpfen« und völlig zum Verschwinden zu bringen. Aber es geht ihnen dann wie allen Menschen: Wenn man versucht, Gefühle und Gedanken nicht zu haben und in den Griff zu bekommen, wird ihnen noch mehr Energie zugeführt. Man denkt ständig an die Angst, die verschwinden soll. Und dadurch wird sie stärker und stärker.

So ergeht es einem Jugendlichen, der vor seiner Klasse einen Vortrag halten soll und seine Angst und Unsicherheit nicht zeigen will. Je mehr er die zu verbergen sucht, umso größer werden sie. Würde er den kleinen Trick anwenden, sich vor dem Vortrag bei seiner Angst dafür zu bedanken, dass er sich ihretwegen gut vorbereitet hat, würde sie sicherlich kleiner werden. Er könnte zudem seinen Vortrag damit beginnen, darauf hinzuweisen, dass er sehr aufgeregt sei und fürchte, ins Stottern zu kommen. Auch das führt erfahrungsgemäß dazu, dass die Angst zurückgeht und das Befürchtete gar nicht eintritt.

Demgegenüber führt jeder Versuch, die Angst zu bekämpfen, zu ihrer Stärkung. Und aus der Kampfbeziehung heraus entwickelt sich die Angst vor der Angst. Es ist ein Teufelskreis, der sich selbst aufrechterhält: Jeder Versuch, die Angst bewusst zu kontrollieren, führt dazu, dass die Angst der Person bewusst wird, was wiederum zu der Idee führt, dass sie kontrolliert werden muss. Das setzt sich theoretisch unendlich lange in einem ständigen Gedankenkreisen fort.

Stress senkt die Schwelle für Angst

Angstsymptome treten nach schlimmen Ereignissen, die zunächst nichts mit der Angst zu tun haben, oder bei andauernden Belastungen besonders häufig auf. Der Stress, der durch solche Erlebnisse ausgelöst wird, führt zu einer Freisetzung von Botenstoffen, die die Funktionsfähigkeit der vorderen Hirnregion einschränken und das Angstzentrum anregen. Auf diese Weise setzt Stress die Schwelle für Angststörungen herab, ohne dass festgelegt ist, welcher Art die Angst ist. Bei den schlimmen Ereignissen kann es sich um schwere Unfälle oder plötzliche Todesfälle in der Familie ebenso wie um den Verlust eines Freundes handeln.

Noch problematischer aber sind lang anhaltende Probleme in der Familie beispielsweise durch Schwierigkeiten der Eltern im Beruf oder Arbeitslosigkeit, durch Streit und Auseinandersetzungen zwischen den Eltern, die keine Lösung für ihre Beziehungsprobleme finden, durch eine gespannte Beziehung des Kindes zu seinen Eltern, die das, was es tut, ständig kritisieren und nicht damit zufrieden sind. Stress wird bei Kindern auch in nachvollziehbarer Weise ausgelöst durch die Trennung und Scheidung der Eltern und das Erleben, allein auf der Welt zu stehen und niemanden mehr zu haben. Viele Kinder können sich nicht vorstellen, dass Eltern sich einvernehmlich trennen, und entwickeln zum Beispiel die Angst, ebenfalls von der Mutter fortgeschickt zu werden (so wie der Vater). Oft auch schon im Vorfeld, aber insbesondere nach der Trennung oder der Scheidung geraten Kinder allzu leicht in die Auseinandersetzungen der Eltern und damit in unlösbare Loyalitätskonflikte. Sie möchten keinen von beiden verlieren. Aber was sie auch tun: In den Augen eines der beiden Elternteile ist ihr Verhalten immer gerade falsch, nämlich Parteinahme für den anderen.

Nicht selten ist auch der Umgang mit Krankheit und Tod Auslöser für anhaltende Ängste von Kindern. Dabei sind es nicht so sehr die Schicksalsschläge als solche, die die Kinder belasten, sondern häufig gerade der Versuch der Eltern, ihren Kindern die Belastung zu ersparen. Sie wollen ihre Kinder schonen, bagatellisieren beispielsweise die schwere Krankheit der Mutter oder erklären, dass die drohende Arbeitslosigkeit sicher nicht eintreten werde. Die Kinder spüren jedoch an dem Verhalten ihrer Bezugspersonen, dass etwas sehr Bedrohliches in der Luft liegt, und erleben dies umso ängstigender, als sie nicht wissen, was wirklich geschieht. Die vagen, unzureichenden Informationen führen zu einem diffusen Bedrohtheitserleben, das für die Kinder viel schwerer zu ertragen und auszuhalten ist, als wenn sie an den Sorgen und Nöten und Ängsten der Erwachsenen beteiligt würden.

Eine weitere bedeutsame Stressquelle für Kinder und Jugendliche kann die Schule sein. Dies ist insbesondere dann der Fall, wenn ein Kind einen Schulzweig besucht, in dem Anforderungen gestellt werden, denen es von seiner Begabungshöhe her nicht gewachsen ist. Stress kann aber auch dann auftreten, wenn Eltern sehr hohe Leistungsansprüche haben. Dabei müssen sich die Leistungserwartungen der Eltern durchaus nicht in offenem Druck äußern. Vielmehr übernehmen viele Kinder auch die unausgesprochenen Leistungswünsche; denn sie wollen ihre Eltern nicht enttäuschen. Andere Kinder erbringen in der Grundschule mit hohem Aufwand noch gute Leistungen, sehen sich dann aber nach der Umschulung mit Gleichaltrigen konfrontiert, die mit viel weniger Aufwand zu besseren Leistungen kommen. Auch der Vergleich mit einem Geschwister, dem das Lernen sehr viel leichter fällt, kann einen hohen Leistungsdruck auslösen.

Ängstliche Eltern als Modell

Kinder und Jugendliche von Eltern mit einer Angststörung entwickeln im Vergleich zu Kindern von in dieser Hinsicht unauffälligen Eltern sehr viel häufiger ebenfalls eine Angststörung. Dabei ähneln sich die Angststörungen von Eltern und Kindern in bemerkenswerter Weise. Studien konnten nachweisen, dass Jugendliche von Eltern, die unter einer sozialen Phobie leiden, häufig ein ganz ähnliches Verhalten zeigen. Kinder mit Trennungsangst und Kontaktvermeidung haben häufig Eltern, die wegen einer Panikstörung mit Agoraphobie in Behandlung sind. Hat oder hatte ein Elternteil eine Tierphobie entwickelt, ist das Risiko spezifischer Phobien bei seinen Kindern deutlich erhöht.

Es gibt unterschiedliche Wege, wie diese Angststörungen von Eltern an ihre Kinder weitergegeben werden. Zum einen lernen die Kinder am Modell der Eltern. Sie beobachten, wie die Mutter oder der Vater sich in bestimmten Situationen verhält. Erkennen sie, dass ein Elternteil auf bestimmte Beobachtungen beunruhigt und ängstlich reagiert, übernehmen sie diese Beurteilung. In wiederholten Studien konnte man zeigen, dass Kinder sich nicht trauten, eine kleine Gefahrensituation beispielsweise auf der Kirmes zu meistern, wenn sie den angstvollen Gesichtsausdruck ihrer Mutter oder ihres Vaters sahen, während andere Kinder, deren Eltern andere Gefühle zum Ausdruck brachten, sich wesentlich mutiger zeigten. In ähnlicher Weise konnte man nachweisen, dass das Verhalten von Müttern, die sich gegenüber einem Rechtschreibtest ängstlich zeigten, bei ihren Kindern ebenfalls zu Ängstlichkeit führte und zu dem Wunsch, sich dem Test zu entziehen.

Kinder lernen aber auch durch einen überfürsorglichen und übermäßig kontrollierenden Erziehungsstil, dass die Welt voller Gefahren ist, und entwickeln dadurch eine höhere Tendenz zur Ausbildung einer Angststörung. Die Ergebnisse vieler Studien zeigen, dass ein überbehütendes Verhalten von Eltern und die Neigung der Mutter oder des Vaters, ihren Kindern viel Hilfestellung zu geben, mit Ängsten von Kindern und Jugendlichen in Zusammenhang stehen.

Die Bedeutung der Kompetenz- und Kontrollüberzeugung

Das Erleben von Einfluss und Kontrolle ist eine im buchstäblichen Sinne lebenswichtige Erfahrung – so beispielsweise die Erkenntnis des Säuglings, dass er durch sein Schreien, ausgelöst durch sein Hungergefühl, bewirken kann, gestillt und gefüttert zu werden. Für Kinder – ebenso wie für Erwachsene – hängt das Ausmaß von Stress und Beunruhigung nicht zuletzt davon ab, ob man glaubt, dem Leben gewachsen zu sein. Die eigene Überzeugung über die persönlichen Kontroll- und Bewältigungsmöglichkeiten in den unterschiedlichen Lebenssituationen entscheidet wesentlich darüber, ob ein Kind häufig »unter Stress« steht oder ob es sich den täglichen Anforderungen mit Ruhe und Gelassenheit stellt. Nimmt man an, über Möglichkeiten und Fähigkeiten zu verfügen, »Herr der Lage« zu sein, so empfindet man Angstsituationen nicht als unendlich schlimm und bedrohlich, sondern eher als Herausforderung, und die Angst sinkt. Das Umgekehrte tritt ein, wenn man keine Bewältigungsmöglichkeiten sieht. Denn unkontrollierbare Situationen machen hoffnungslos und hilflos. Die Personen verlieren den Glauben daran, etwas bewirken zu können. Das macht Angst.

Als Reaktion darauf versuchen Kinder und Jugendliche, die Angststörungen entwickelt haben, sicherzustellen, dass alle Dinge so ablaufen wie geplant. Jede Abweichung von dem, was sie erwarten, weckt erneut Angstgedanken und das Bedürfnis nach Kontrolle. Aus diesem Grund machen angstvolle Kinder ihren Familienmitgliedern ständig Vorschriften darüber, was sie zu tun und zu lassen haben. Von ihren Eltern werden sie deshalb oft als »tyrannisch«, als »kontrollierend«, als »bestimmend« oder als »bossy« beschrieben. Die Eltern merken natürlich, dass dieses Verhalten ihrer Kinder nicht in Ordnung ist. Sie fühlen sich zu einem Verhalten gezwungen, das ihr Leben sehr eingeschränkt. Immer wieder geraten sie in Situationen, in denen sie sich die Frage stellen: »Soll ich nachgeben oder Widerstand leisten?« Diese Alternative ist allerdings eine Falle, wie ab S. 57 gezeigt werden wird.

Um Angst zu vermeiden, entwickeln viele Kinder mit Angststörungen zudem die Idee, 100%ige Kontrolle zu erreichen sei ein erstrebenswerter Zustand. Da dies aber eine Illusion ist, geraten sie aufgrund dieses Wunsches vermehrt in Situationen, die sie als bedrohlich und angstauslösend erleben. Ziel der Eltern muss dann sein, ihren Kindern die Fähigkeit zu vermitteln, mit der Unvorhersehbarkeit der Welt und der Unsicherheit hinsichtlich zukünftiger Ereignisse umzugehen. Wie dies erreicht werden kann, wird auf S. 65 dargestellt.

Familiäres Entgegenkommen

Für den Verlauf der Angststörungen spielen die Reaktionen der Eltern auf die Angstsymptome ihrer Kinder und Jugendlichen und ihre Versuche, das Verhalten der Familienmitglieder zu bestimmen, eine große Rolle. Nicht selten neigen Eltern dazu, das eigene Verhalten zu ändern, weil sie ihrem Kind helfen wollen, mit Angstsymptomen verbundenes Leid zu vermeiden und zu lindern. Man spricht dann von familiärem Entgegenkommen oder einer Anpassung der Eltern an die angstbedingten Wünsche und Forderungen ihrer Kinder. Solche Eltern geben nach, wenn ein Kind im Bett der Eltern schlafen will, weil es Angst hat. Sie sprechen für ein Kind, das sich bei der Begegnung mit fremden Personen an sie klammert und kein Wort redet. Sie geben nach, wenn das Kind morgens über Bauchschmerzen klagt und nicht zur Schule gehen möchte.

Im Grunde genommen meinen es die Eltern gut mit dem Kind, und die Angst des Kindes geht dann auch meist kurzfristig zurück. Aber wenn ein familiäres Entgegenkommen dieser Art häufiger gezeigt wird, führt es dazu, dass die Angstsymptome des Kindes aufrechterhalten und verstärkt werden. Denn das Kind dürfte beim nächsten Mal, wenn es abends oder nachts Angst erlebt, ebenfalls wieder im Bett der Eltern schlafen wollen, und nach einiger Zeit ist es dann oft gar nicht mehr bereit, die Nacht im eigenen Bett zu verbringen. Das Fatale an der Nachgiebigkeit der Eltern ist, dass das Kind nicht lernt, seine Angstgefühle selbst zu regulieren. Stattdessen signalisiert das Verhalten der Eltern dem Kind, dass Mutter und Vater es für nicht in der Lage halten, Angst auch mal zu ertragen und die Situation darauf zu überprüfen, ob die Angst überhaupt gerechtfertigt ist. Erwachsene mit einer Panikstörung erinnerten sich bei einer Befragung daran, dass ihre Eltern sie wegen der Angstsymptome als »krank« und »unfähig« behandelt hätten.

Familiäres Entgegenkommen ist eine Reaktion auf die Wünsche und Forderungen der angstvollen Kinder und unterscheidet sich insofern von einem sehr behütenden elterlichen Auftreten. Es äußert sich beispielsweise in folgenden Verhaltensweisen:

- für das Kind, das soziale Ängste hat, sprechen
- unendlich lange Einschlafrituale
- das Kind im Bett der Eltern schlafen lassen
- die eigene Tagesplanung wegen der Angst des Kindes verändern
- abends die Wohnung nicht verlassen, obwohl ein Babysitter gekommen ist
- beantworten der ständigen Fragen des Kindes bezüglich seiner Angstinhalte
- versprechen, dass bestimmte Dinge nicht eintreten werden
- keine Gäste einladen
- wiederholte medizinische Untersuchungen wegen der Bauchschmerzen des Kindes veranlassen
- das Kind in der Schule entschuldigen, obwohl keine körperlichen Erkrankungen festgestellt wurden.

Wenn Sie sich darüber unklar sind, ob Ihr Verhalten Zeichen eines familiären Entgegenkommens oder eben einer Anpassung an die Wünsche und Forderungen ihres Kindes ist, können Sie sich Fragen stellen wie: »Habe ich mich oder würde ich mich meinen anderen Kindern gegenüber auch so verhalten?«, »Würde ich mich auch so verhalten, wenn mein Kind keine Ängste zeigen würde?«.

Das Vermeiden der Angstsituation

Das Vermeiden der angstauslösenden Situation ist ein weiterer, gut nachvollziehbarer Versuch, das Problem der Angst zu lösen. Es wird etwas getan oder gerade nicht getan, damit das befürchtete Ereignis nicht eintritt: Die Angst, sich vor allen zu blamieren und lächerlich zu machen, wird vermieden, indem das Kind nach Möglichkeit jeden Kontakt zu anderen meidet. Um die Angst davor, einige Stunden ohne die Mutter im Kindergarten zu verbringen, nicht aushalten zu müssen, wird die Trennung von der Mutter verweigert. Um der Angst vor dem Fahren im Bus oder dem Aufenthalt in einem Supermarkt auszuweichen, bleibt das Kind oder der Jugendliche zu Hause. Dieses Verhalten ist zunächst einmal sehr erfolgreich. Der Situation, die Angst macht, wird ausgewichen.

Allerdings hat diese Strategie auch ganz erhebliche Nachteile: Das Kind schränkt seine Verhaltensmöglichkeiten immer mehr ein. Es trifft sich beispielsweise nicht mehr mit Freunden und geht nicht mehr in den Kindergarten oder in die Schule. Weil das Kind unterstellt, dass die Angst in jeder vergleichbaren Situation gleichartig oder schlimmer wieder auftreten werde, nimmt es sich zudem jede Möglichkeit festzustellen, dass Situationen verschiedenartig sind und in unterschiedlichen Situationen auch unterschiedliche Reaktionen erfolgen. Er verhält sich wie der Mann, der laut mit seinen Händen klatschend durch die Stadt läuft und auf die Frage, warum er dieses merkwürdige Verhalten zeige, antwortet, er müsse die Elefanten vertreiben. Durch den erstaunten Hinweis des Fragenden, dass es in der Stadt doch gar keine Elefanten gebe, sieht er sich in seinem Handeln bestätigt und gleichzeitig gezwungen, sein Verhalten aufrechtzuerhalten.

Für das Kind wird die Lösung zum Problem. Denn nicht *trotz*, sondern gerade *wegen* der Vermeidung des angstbesetzten Verhaltens verschwindet die Angst nicht. Der vermeintliche Lösungsversuch (klatschen, nicht Bus fahren) hält das Problem (Angst vor wilden Elefanten, Angst vorm Busfahren) aufrecht, was wiederum zum gleichen Problemlösungshandeln – zum nächsten gleichartigen Lösungsversuch (klatschen, nicht Bus fahren) – führt. Wenn diese negative Spirale nicht irgendwann durchbrochen wird, setzt sich das theoretisch unendlich lange fort – zumeist mit der Tendenz, dass immer mehr Aktivitäten gemieden und die Verhaltensmöglichkeiten des Kindes immer stärker eingeschränkt werden.

Die Funktion der Angst innerhalb der Familie

Kinder und Jugendliche, die ausgeprägte Ängste zeigen, nehmen häufig in hohem Maße die Aufmerksamkeit der Eltern in Anspruch. Mutter und Vater tauschen sich darüber aus, wie die Angst zustande gekommen sein könnte, und diskutieren, was sie tun können, damit das Kind weniger Angst hat. Selbstverständlich kommt es auch dazu, dass die Mutter und der Vater unterschiedliche Ansichten entwickeln, und sie geraten möglicherweise in Streit darüber. Im Einzelnen sieht das in jeder Familie anders aus. Aber das Thema »die Ängste des Kindes« nimmt nach einiger Zeit zwischen den Eltern einen großen Raum in Anspruch. Andere Themen treten in den Hintergrund.

Nicht selten geschieht es dann, dass die Diskussionen und Auseinandersetzungen über die Ängste des Kindes das Thema verdrängen, das bis dahin die Gespräche oder auch den Streit zwischen den Eltern in unangenehmer Weise bestimmt hat – beispielsweise die Arbeitslosigkeit eines Elternteils oder die Frage einer Trennung der Eltern. In der Sorge um das Kind sind sich beide Eltern auf einmal wieder einig, selbst wenn unterschiedliche Lösungsideen vertreten werden. Das ist schön, auch wenn das neue Thema, die Ängste des Kindes, sehr belastend ist. Und so können alle beteiligten Familienmitglieder – die Mutter, der Vater und das Kind selbst –, ohne dass ihnen dies bewusst wird, den Wunsch entwickeln, die Ängste des Kindes sollten bleiben. Alle Beteiligten beobachten dann besonders aufmerksam alle Anzeichen von Angst. Denn solange die Angst weiter besteht, ist die Gefahr gering, dass beispielsweise eine mögliche Scheidung zwischen den Eltern oder das vermeintlich unzureichende Bemühen eines Elternteils um einen neuen Job wieder zum Thema wird. Die Angst hat also innerhalb der Familie die wichtige Funktion übernommen, ein »heißes« Thema in den Hintergrund zu drängen. Die Symptomatik wird dadurch aufrechterhalten.

Es gibt sehr viele unterschiedliche Funktionen, die die Angstsymptome eines Kindes in einer Familie übernehmen können. So geschieht es zuweilen, dass ein Kind beobachtet, wie die Eltern, die seit einiger Zeit getrennt leben, sich immer wieder zu Gesprächen über die Angst des Kindes zusammensetzen. Sie gehen gemeinsam zur Schule, um mit den Lehrerinnen die Auffälligkeiten ihres Kindes zu besprechen, und führen in einer Beratungsstelle gemeinsam Gespräche mit einer Psychologin, um Anregungen zu bekommen, wie sie sich angesichts der Ängste des Kindes verhalten sollen. Das Kind, das davon träumt, die Eltern würden wieder zusammenfinden, beobachtet, dass sein Wunsch ansatzweise in Erfüllung geht. Das ist ein gutes, selbstverständlich nicht bewusstes Motiv für das Kind, seine Ängste auf jeden Fall aufrechtzuerhalten – auch wenn sie mit Leid verbunden sind.

In anderen Familien hat sich zwischen einem Elternteil und dem Kind eine sehr enge Bindung entwickelt, wodurch der andere eher in eine Außenseiterposition geraten ist. Zuweilen ist das die Fortsetzung eines Beziehungsmusters, das beispielsweise bereits zwischen der Großmutter mütterlicherseits und ihrer Tochter bestand. Solche über die Generationen weitergegebenen Konstellationen können sehr starr und einengend sein, sodass anstehende Entwicklungsschritte weder von dem Elternteil noch von dem Kind gegangen werden.

Alle diese Funktionen, die Verhaltensauffälligkeiten und Verhaltensstörungen innerhalb einer Familie übernehmen können, sind für die Beteiligten nur schwer zu durchschauen. Deshalb brauchen Familien oft einen Außenstehenden, der sich mit großer Akzeptanz und Wertschätzung die Abläufe in einer Familie schildern lässt und sie betrachtet, um mögliche Zusammenhänge zu entdecken. Systemische Therapeutinnen und Therapeuten sind unter anderem dafür ausgebildet. Sie unterstützen die Eltern dabei, im Hinblick auf ihr »eigentliches« Thema zu einer Lösung zu kommen. Gelingt dies, ist dann in der Arbeit mit dem Kind oder dem Jugendlichen oft relativ schnell zu erreichen, dass die Ängste das Kind nicht mehr behindern.

Familiäre Isolation

Wenn Kinder unter Angststörungen leiden, sind immer auch alle anderen Familienmitglieder in unterschiedlicher Weise betroffen. Das Familienleben ist oft erheblich beeinträchtigt. Das veranlasst manche Eltern dazu, Gäste kaum noch einzuladen. Sie schämen sich, und viele Eltern fühlen sich schuldig, auch wenn sie wissen, dass sie nicht die Verursacher der Angststörung sind. Sie wollen den Ruf der Familie schützen und verhindern, dass das Kind stigmatisiert wird. Außerdem fürchten sie, von ihren Gästen als unfähige Eltern angesehen zu werden, wenn diese beobachten, wie sehr die Angststörung alle familiären Abläufe beeinträchtigt. Auch alleinerziehende Eltern haben häufig nur wenige Kontakte nach außen und leben sehr isoliert, allein schon, weil ihnen wenig Zeit bleibt, Kontakte zu pflegen.

Wenn eine Familie zunehmend in Isolation gerät, trägt diese Entwicklung wesentlich dazu bei, dass die Angststörung des Kindes und seine problematischen Folgen aufrechterhalten werden. Denn es fehlt die soziale Kontrolle durch außenstehende Personen, die als Nicht-Betroffene das Verhalten der Familienmitglieder beobachten. Die Eltern erhalten keine Rückmeldung mehr darüber, wie weit sie schon in das Problemverhalten verstrickt sind. Das Kind mit den Angststörungen erfährt nicht mehr, als wie überraschend, übertrieben und unverständlich sein Verhalten Außenstehenden erscheint und wie sehr diese erkennen, dass es mit seinem Verhalten seine gesamte Entwicklung beeinträchtigt. Die Eltern erhalten keine Bestätigung mehr, sich den Anpassungsforderungen ihrer Kinder zu widersetzen. Das heißt: Durch die selbst gewählte Isolation verzichten die Eltern auf eine wichtige Unterstützung. Sie schwächen sich selbst und ihre elterliche Wirksamkeit. Sie untergraben ihre elterliche Autorität, wodurch sie der Angststörung ihres Kindes einen großen Raum eröffnen.

3 ANGSTSTÖRUNGEN LÖSEN

Auftakt

Liebe Eltern,
in dem vorangegangenen Kapitel dieses Buches wurden Hinweise gegeben, welche Bedeutung Angst im Leben von Menschen hat und wie man verstehen kann, dass ein Übermaß an Angst auftritt und unter welchen Bedingungen es aufrechterhalten wird. In diesem Kapitel wird nun dargestellt, welche Möglichkeiten Sie als Eltern haben, auf die übermächtigen Ängste, von denen nicht nur Ihr Kind, sondern Ihre ganze Familie geplagt wird, einzuwirken, um einen Rückgang der Ängste auf ein angemessenes Maß zu erreichen. Sie werden sehen, dass eine ganze Reihe von unterschiedlichen Möglichkeiten der Einflussnahme dargestellt wird. Das ist insofern sinnvoll, weil alle Kinder unterschiedlich sind und deshalb auch in unterschiedlicher Weise auf Unterstützungsmaßnahmen reagieren. Auch jedes Elternteil hat seinen eigenen Verhaltensstil und wird sich deshalb durch eine Maßnahme mehr angesprochen fühlen als durch eine andere. Deshalb ist zu empfehlen: Betrachten Sie jede

der dargestellten Einflusswege als ein Experiment. Experimente können scheitern – das ist auch in der Wissenschaft so. Man wählt einfach einen anderen Ansatz und hat dann die Chance, auf andere Art und Weise zum Erfolg zu kommen.

Viele der vorgeschlagenen Ideen haben damit zu tun, eine andere Haltung gegenüber der Angst zu entwickeln. Andere sind Anregungen, Ihrem Kind eine Geschichte zu erzählen und mit ihm gemeinsam zu überlegen, was die Geschichte aussagen könnte. Die zweifellos wirkungsvollsten Maßnahmen sind allerdings diejenigen, die Sie als Eltern zu einer Änderung Ihres Verhaltens anregen. Denn der übliche Versuch, einen anderen – in diesem Fall Ihr Kind – zu einem veränderten Verhalten zu veranlassen, scheitert oft, weil letztlich der andere darüber entscheidet, ob er das tut, tuen kann und tuen mag. Man macht sich mit einem derartigen Versuch von dem anderen abhängig. Darum scheitern solche Versuche nicht nur oft, sondern lösen häufig auch viel Ärger aus. Ihr eigenes Verhalten zu verändern steht allerdings in Ihrer Macht. Und wenn Ihnen das gelingt – natürlich ist das oft auch gar nicht einfach –, dann werden Sie auch eine Änderung des Verhaltens bei Ihrem Kind erreichen. (Im folgenden Abschnitt wird das noch einmal genauer erläutert.)

Eine nicht geringe Herausforderung besteht darin, bei der Durchführung einer der hier vorgestellten Maßnahmen dem Kind ohne Vorwürfe und in einer positiv zugewandten Haltung zu begegnen. Das ist oft für einen Außenstehenden sehr viel leichter als für Sie als Eltern, die Sie von dem Verhalten des Kindes unmittelbar betroffen sind. Aber selbst wenn das Kind sich Ihren Bemühungen widersetzt, sollten Sie immer daran denken, dass das Kind selbst unter seinem Verhalten leidet. Es gibt zudem immer einen positiven Hintergrund für dieses Verhalten, den aber in aller Regel weder das Kind noch Sie als Eltern durchschauen können. Es ist deshalb auch vollkommen unsinnig, das Kind nach dem Warum für sein Angstverhalten zu fragen. Das Kind weiß die Antwort nicht und wird die Frage lediglich als Vorwurf verstehen. Ideal ist es, wenn es Ihnen gelingt, die vorgeschlagenen Maßnahmen in einer ruhigen, positiven Stimmung durchzuführen. Holen Sie sich dafür die Unterstützung Ihres Ehepartners. Ein gut harmonierendes Eltern-Team ist oft bereits »die halbe Miete«. Als alleinerziehender Elternteil sollten Sie sich deshalb unbedingt Unterstützer unter Ihren Freundinnen und Freunden oder auch in der Familie suchen. Denken Sie an die afrikanische Weisheit: »Zum Erziehen eines Kindes braucht man ein ganzes Dorf!«

Das Zusammenspiel im Erleben und Verhalten der Familienmitglieder

Menschen leben und verhalten sich immer in Beziehung zu anderen. Der Mensch als Einzelner ist nicht lebensfähig. Bertolt Brecht[2] formulierte: »Denn die kleinste gesellschaftliche Einheit ist nicht der Mensch, sondern zwei Menschen.« In einer Familie ist diese Bezogenheit des einen auf den anderen besonders stark. Das Erleben und Verhalten eines Familienmitglieds beeinflusst immer das Erleben und Verhalten aller anderen Familienmitglieder – nicht nur durch die gesprochenen Worte, sondern auch durch das Verhalten, das dieses eine Familienmitglied zeigt. Selbst wenn ein Familienmitglied schweigt und vermeintlich gar nichts tut, ist dies eine Botschaft an die anderen – meist sogar eine sehr starke. Die anderen müssen sich in irgendeiner Weise dazu verhalten, sei es, dass sie das schweigende Familienmitglied auffordern, endlich zu sagen, was los ist, sei es, dass sie ihm aus dem Wege gehen. Und nicht nur das Verhalten ist betroffen, sondern auch das gefühlsmäßige Erleben: Der eine reagiert auf das schweigende Familienmitglied empört und wütend, der andere eher resigniert und verzweifelt. Auch die Reaktion auf die Ängste eines Kindes in der Familie kann ganz unterschiedlich sein: Der eine reagiert voller Mitleid und Sorge, der andere mit Ärger und Empörung. Nicht darauf zu reagieren ist nicht möglich.

In welcher Weise besonders in einer eng aufeinander bezogenen Lebensgemeinschaft wie der Familie das Erleben und Verhalten des einen das Erleben und Verhalten des anderen beeinflusst, lässt sich an einem Mobile veranschaulichen: Wird ein Teil eines Mobiles berührt und bewegt es sich deshalb, fangen sofort auch alle anderen Teile an zu tanzen. Kommt das Mobile schließlich zur Ruhe, besteht eine große Wahrscheinlichkeit, dass die einzelnen Teile nun in einer

2 Brecht, B. (1957): Schriften zum Theater. Frankfurt/M. (Suhrkamp), S. 159.

anderen Position zueinander stehen. Das gilt insbesondere dann, wenn das erste Teil beispielsweise durch einen Tropfen Wachs sein Gewicht verändert hat. Wie die einzelnen Teile hinterher zueinander stehen, ist allerdings zu Beginn des gemeinsamen Tanzes nicht vorherzusehen.

In ähnlicher Weise wird das Erleben und Verhalten des Einzelnen innerhalb der Familie von dem Erleben und Verhalten der anderen beeinflusst. Das bedeutet auch: Will ein Familienmitglied das Erleben und Verhalten eines anderen verändern, erreicht es dies am sichersten, wenn es das eigene Erleben oder Verhalten ändert. Zwar kann man auch dabei nicht sicher sein, was sich bei dem anderen verändert, aber es verändert sich etwas.

Diese Tatsache kann man sich zunutze machen, wenn ein Kind innerhalb der Familie ein unerwünschtes Verhalten zeigt. Meist fokussieren dann die Familienmitglieder darauf, dass das Kind sein Verhalten ändern soll. Das geschieht oft seitens der Eltern durch gute Ratschläge, Empfehlungen, Ermahnungen, Drohungen, Druck und anderes. Dies ist aber nicht der einzige Weg, eine Änderung im Verhalten des Kindes zu erreichen. Oft ist es leichter und erfolgreicher, wenn die Eltern ihr eigenes Verhalten ändern, um dadurch nahezu zwangsläufig eine Verhaltensänderung bei dem Kind zu erreichen. Wie die Verhaltensänderung aussehen wird, ist nicht vorherzusehen. Gegebenenfalls sind noch Korrekturen im Verhalten der Eltern notwendig, um schließlich das gewünschte Ergebnis zu erreichen.

Diese Zusammenhänge veranschaulichen hoffentlich hinreichend deutlich, welche Chancen Sie als Eltern haben, auf das Verhalten Ihres Kindes oder Jugendlichen einzuwirken, und wie wichtig es ist, dass Sie als Mutter und als Vater auch dann aktiv mit einbezogen werden, wenn in hartnäckigen Fällen professionelle Hilfe in Form einer Psychotherapie in Anspruch genommen werden muss.

Die Zukunft mit einer erträglichen Angst als Ziel

Wie schon besprochen (S. 28), kann es niemals das Ziel sein, keine Angst mehr zu haben. Angst ist unser Freund und Helfer, und alle Menschen brauchen sie. Als Reinhold Messner, der

Extrembergsteiger, einmal gefragt wurde, ob er bei seinen Unternehmungen nicht Angst habe, antwortete er: »Wenn ich keine Angst hätte, würde ich nicht mehr leben.« Aber andererseits kann ein Zuviel an Angst zu viel Leid, zu großen Einschränkungen im Leben, zu einem Versagen in der Schule und zu großen Behinderungen in der Entwicklung eines Kindes oder Jugendlichen führen.

Ein Kind muss auf der einen Seite lernen, dass Angst zum Leben gehört und dass man – wie Reinhold Messner – sein Ziel nur erreicht, wenn man genau danach fragt, wann die Angst auftritt, wie berechtigt sie ist und wie man sie überwinden kann. Auf der anderen Seite braucht das Kind zuweilen, wenn es von übergroßer Angst geplagt wird, die Unterstützung der Eltern – und in hartnäckigen Fällen die Unterstützung eines Psychotherapeuten oder einer Psychotherapeutin – dabei, die Angst auf ein erträgliches Maß zurückzudrängen. Immer stellt sich die Frage: Wie viel Angst ist notwendig, damit sie in ausreichendem Maße schützt, und wie viel Angst sollte verschwinden, damit ein gutes Leben wieder möglich wird? Es gibt dafür eine schöne Metapher: Man kann das Kind auffordern, das Bild seiner Angst auf ein großes Stück Papier zu malen, um es dann zu fragen, wie viel von dieser Angst es zu seinem Schutz braucht. Das Kind schneidet dann dieses Stück von der Angst ab, nimmt es mit nach Hause und legt es dort an einen sicheren Platz. Das andere, nicht mehr benötigte Stück wird beispielsweise in einen Briefumschlag gesteckt, der zugeklebt und in einem gut verschließbaren Schrank untergebracht wird.

Mit folgendem Fallbeispiel veranschaulichen Susy Signer-Fischer und ihre Kollegen[3] dieses von ihnen beschriebene Vorgehen:

>> *Die zehnjährige Marianna hat große Angst vor ihrer Lehrerin, die oft herumschreie und sie und andere Kinder heruntermache. Sie stellt ihre Angst in einem abstrakten Bild dar mit einer sternförmigen, konzentrischen Figur mit vielen Stacheln. Sie schneidet wie ein Kuchenstück etwa ein Zehntel des Bildes heraus, das sie dann mit nach Hause nimmt. Den nicht benötigten Teil des*

3 Signer-Fischer, S., T. Gysin u. U. Stein (2009): Der kleine Lederbeutel mit allem drin. Heidelberg (Carl-Auer), S. 67.

Bildes und also ihrer Angst bewahrt sie in einer blauen Tonne mit Deckel im Keller der Therapeutin auf. ... Die Mutter berichtet ca. drei Wochen später telefonisch, dass die Angst vor der Lehrerin verschwunden sei. «

Natürlich ist ein solches Vorgehen nicht immer so schnell erfolgreich wie in diesem Fall. Aber ein Gespräch mit dem Kind darüber, wie viel Angst es glaubt aushalten zu können, ist sehr wichtig.

»Wie viel Angst kann Anna morgens ertragen, wenn sie zum Kindergarten aufbricht und der Mama ›tschüss‹ sagt? ... Zeichne mal eine Säule – weißt du, so eine Säule, an der man immer einen Strich machen kann, um festzuhalten, wie groß Anna schon ist. Und jetzt malst du mal die Säule von unten beginnend mit so viel blauer Angst aus, wie du sie morgens beim Abschied von der Mama aushalten kannst. ... Aha, etwa 1 cm Angst kannst du bewältigen. Toll! Wie schaffst du das? (Das Mädchen wird diese Frage nicht beantworten können. Das ist aber auch nicht wichtig. Wichtig ist, dass Sie ihm vermitteln, dass es schon etwas schafft von dem, was es erreichen will.) ... Jetzt zeichne mal in Grün darüber, wie viel Angst du lernen möchtest auszuhalten. ... Prima, etwa 4 cm Angst auszuhalten möchtest du lernen. Dann werden wir in einer Woche das Blatt wieder hervornehmen und schauen, wie viel du bis dahin schon erreicht hast.« Sollte das Mädchen gar keine blaue Angst, die es aushalten kann, einzeichnen wollen, dann fragen Sie danach, wann es das letzte Mal Angst hatte, die es überwunden hat – vielleicht eine nicht so dolle Angst, aber immerhin Angst. Übertragen Sie nun diesen Erfolg auf die Situation vor dem Kindergartenbesuch. »Kannst du so viel Angst in die Säule einzeichnen?«

In ähnlicher Weise kann man mit älteren Kindern und Jugendlichen klären, wie viel Angst sie schon bewältigen und wie viel Angst sie lernen wollen zu ertragen. Letztlich geht es dabei immer darum, dem Kind oder Jugendlichen deutlich zu machen, dass das Ziel nicht darin besteht, keine Angst zu haben. Vielmehr geht es darum, die eigene Angst so weit zu bewältigen, dass sie nicht mehr stört und behindert.

Wenn das in kleinen Schritten gelingt, lässt sich aus dieser Erfahrung viel Selbstbewusstsein und ein gutes Kompetenzerleben entwickeln.

Verzicht auf den Versuch, die Angst zu unterdrücken

»Was du nicht bereit bist zu haben, dass bekommst du erst recht!« Das gilt für alle Gedanken und Gefühle – eben auch für die Angst –, die man nicht so leicht steuern kann wie seine Hände und Füße. Natürlich wünscht sich das Kind verständlicherweise die direkte Lösung: Die Angst soll weg! Aber alle Versuche, die Angst zu unterdrücken, taugen nicht. Denn je mehr es die Angst zu unterdrücken versucht, umso mehr taucht sie auf. Und weil das so wichtig ist, dass Ihr Kind das versteht, folgen hier einige Ideen, wie Sie ihm das verdeutlichen können.

Milton H. Erickson, ein berühmter amerikanischer Psychotherapeut, soll diese Tatsache einem Mann, der wegen seiner Angstzustände kam, die er seit Jahren erfolglos versucht hatte zu unterdrücken, auf folgende Weise veranschaulicht haben: Er forderte ihn auf, bis zur nächsten Sitzung täglich in das öffentliche Freibad zu gehen, einen Wasserball mitzunehmen und dort eine Stunde lang zu versuchen, den Ball so lange wie möglich unter die Wasseroberfläche zu drücken. Als der Mann wiederkam, war er noch verzweifelter als zuvor: Er hatte getan, wie ihm aufgetragen, war aber an der Aufgabe gescheitert. Er hatte den Ball immer nur für wenige Augenblicke unter Wasser halten können. Gleichzeitig jedoch hatte er bemerkt, dass er seit der letzten Sitzung keine Angstzustände mehr gehabt hatte. Er wollte von Erickson wissen, wie das möglich sei. Erickson antwortete: »Ängste sind wie Wasserbälle. Sie können schwimmen.«[4]

Dasselbe kann man in folgendem Bild ausdrücken und sagen: »Ängste sind wie Telefonklingeln. Dass jemand anruft und das Telefon klingelt, kann man nicht verhindern. Aber man muss nicht drangehen.«

Eine andere Möglichkeit, Ihrem Kind dieses Prinzip zu verdeutlichen, besteht in folgendem Vorgehen:

---

4 Nach: Thoma, C. (2009): Angsten und Entangsten. Systemische Kurztherapie bei Angstdynamiken. Amstetten (iskam-Eigenverlag).

Sie fordern Ihr Kind auf, sich in den nächsten 60 Sekunden voll zu konzentrieren und sich hundertprozentig der Aufgabe zuzuwenden, auf keinen Fall in dieser Zeit das rosa Kaninchen zu sehen, dass auf Ihrem Kopf sitzt, oder – in einem zweiten Durchgang – in diesen 60 Sekunden auf jeden Fall zu vergessen, wie die Mutter mit Vornamen heißt.
Etwas drastischer können Sie zu dem Jugendlichen gehen und ihn darum bitten, seinen Puls fühlen zu dürfen, um ihm dann fiktiv eine Pistole an den Kopf zu halten und zu sagen: »Leider muss ich abdrücken, sobald dein Puls steigt!«

Es lohnt sich, mehrere solcher Aktivitäten durchzuführen. Erfahrungsgemäß werden Sie später von Ihrem Kind oder Jugendlichen hören: »Als du das und das gemacht hast, da habe ich es verstanden!«

Bernd Schumacher[5] pflegt jedem Angstklienten die folgende (jeweils individuell variierte) Geschichte zu erzählen:

»Ein Mann, der es leid ist, jeden Morgen im Stau zu stehen, beschließt, sich einen fliegenden Teppich zu kaufen. Er weiß, dass es die besten fliegenden Teppiche nur in Bagdad gibt. Er fährt also nach Frankfurt und kauft ein einfaches Ticket nach Bagdad – für den Rückflug wird er dann ja seinen Teppich haben. In Bagdad angekommen begibt er sich auf den Basar, entdeckt dort ein Geschäft mit Teppichen im Sonderangebot, wählt aus, findet einen passenden und beginnt mit dem Händler, weil dies in Bagdad üblich ist, zu feilschen. Sie handeln einen für unseren Mann günstigen Preis aus. Der Teppichhändler – weil er fair sein will – macht den Mann aber darauf aufmerksam, dass der Teppich einen Fehler hat. Der Mann untersucht den Teppich nochmals eingehend, kann aber keinen finden und erwirbt ihn schließlich. Er setzt sich auf den Teppich, bereit, die Rückreise anzutreten, und fragt den Händler nach dem magischen Wort, damit er loslegen kann. Der Händler sagt ihm das magische Wort und erwähnt beiläufig den eigentlichen Fehler des Teppichs: ›Der fliegt nur, wenn Sie, nachdem sie das magische Wort gesagt haben, nicht an hellblaue Elefanten denken.‹«

5 Schumacher (ohne Jahreszahl): Es muss was geschehen, aber es darf nichts passieren – Systemische Strategien bei Einzelpatienten mit Angststörungen. Verfügbar unter: www.magst.de/pdf/bs_systemische_strategien.doc [03.03.19].

Am Ende dieser Geschichte können Sie Ihr Kind fragen: »Was glaubst du, weshalb ich dir diese Geschichte erzählt habe?«

Ergänzend können Sie mit Ihrem Kind gemeinsam das »Märchen von einem, der auszog, das Fürchten zu lernen« aus der Märchensammlung der Gebrüder Grimm lesen. Sodann fordern Sie es auf herauszufinden, warum es dem Hans in all den vielen Situationen nicht gelang, sich zu fürchten und zu gruseln, und warum er sich ganz zum Schluss in einer eigentlich doch ziemlich harmlosen Situation so gegruselt hat. Wenn das Kind das nicht gleich herausfindet, fordern Sie es auf, den Vater, die Oma oder den Opa oder sonst eine Person zu bitten, beim Finden der Lösung zu helfen. (Der Junge hat sich so lange nicht gruseln können, solange er sich aktiv darum bemühte, sich zu gruseln. Nun – als König – will er sich nicht mehr gruseln. Und da, als er im Schlaf von seiner Frau mit einem Eimer von Gründlingen überschüttet wird, ruft er: »Ja, nun weiß ich, was Gruseln ist.«)

Angstgedanken infrage stellen

Kinder haben noch eine Neigung zu einem magischen Denken und einem egozentrischen Blick auf die Welt. Sie sind deshalb oft sehr empfänglich für Angstgedanken und glauben, dass allein schon ihre Gedanken und Befürchtungen, der Vater könnte einen Verkehrsunfall haben, die Wahrscheinlichkeit erhöhen, dass dieser Verkehrsunfall tatsächlich passiert. Sie leiden sehr unter diesen Gedanken, fühlen sich schuldig, versuchen sie zu vermeiden, und die Gedanken drängen sich dadurch immer stärker auf.

In einem solchen Fall können Sie dem Kind ein kleines Spiel vorschlagen:

> »Bitte schlag mit deiner rechten Hand einmal ganz heftig auf die Handfläche meiner rechten Hand! … Noch einmal, heftiger! … Noch heftiger, es tut noch gar nicht richtig weh! … O. k., und jetzt schließ die Augen und schlag mit deinem Gedanken auf meine Hand! … Heftiger, ich merke ja noch gar nichts! … Noch heftiger! … Ich spüre immer noch nichts! … Offensichtlich kannst du mit deinen Gedanken gar kein Unheil bewirken? … Oder wie siehst du das?«

Die Botschaft dieses Spiels ist klar, und sie ist stärker, als wenn Sie nur darüber sprechen würden.

Zuweilen vermeiden Kinder es, ihre Angstgedanken überhaupt zu äußern. Wenn ein Kind, das nicht alleine in der Wohnung bleiben will, gefragt wird, was denn seiner Meinung nach in der Zeit der Abwesenheit der Mutter passieren könne, äußert es lediglich: etwas Schlimmes. Es vermeidet zu sagen, was das sein könnte. In solchen Fällen ist es wichtig, das Kind zu einer genauen Darstellung seiner Angstgedanken zu bewegen. Denn die Idee, die Angstgedanken seien zu gefährlich, um überhaupt ausgesprochen zu werden, schafft eine Atmosphäre des Schreckens.

> Sie können das Ihrem Kind erläutern, indem Sie auf Lord Voldemort aus den Harry-Potter-Büchern verweisen: »Weißt du noch, wie der genannt wurde? ... Richtig: ›Der, dessen Name nicht genannt werden darf.‹ Was denkst du, warum er nicht mit seinem Namen genannt werden wollte? ... Richtig, er wollte, dass die Leute vor ihm so viel Angst haben, dass sie sich noch nicht einmal trauen, seinen Namen auszusprechen. ... Und wer war der Einzige, der ihn beim Namen nannte? ... Ja, Harry. Er nahm ihm damit einen großen Teil seiner Macht.«

Die eigene Angst erziehen

Normalerweise arbeiten das Angstzentrum in unserem Gehirn, die Amygdala, und die vordere Hirnregion, das Frontalhirn, so zusammen, dass die Angst nur in gefährlichen Situationen auftritt. Wenn nun ein Kind oder ein Jugendlicher unter einer Angststörung leidet, tritt die Angst auch in ungefährlichen Situationen auf. Das bedeutet, etwas verkürzt formuliert: Die Angst muss erzogen werden, damit sie sich nur noch meldet, wenn es wichtig ist, dass die Person aufpasst und vorsichtig ist.

Sie können Ihrem Kind diese Aufgabe der Erziehung der Angst mit folgender Geschichte veranschaulichen, mit der Sie besonders gut an die Erfahrungswelt Ihres Kindes anschließen, wenn Sie zu Hause einen Hund haben:

»Stell dir vor, die Familie Schlau ist in ein schönes neues Haus auf einem großen Grundstück gezogen. Allerdings liegt das ziemlich weit außerhalb des Ortes. Aus diesem Grund haben sich die Eltern vorgenommen, einen Wachhund anzuschaffen. Sie gehen in das nächste Tierheim und treffen dort auf einen Schäferhund, der ganz laut bellt, als sie in die Nähe seines Geheges kommen. ›Der soll unser Wachhund sein!‹ Gesagt, getan, sie nehmen ihn mit nach Hause und nennen ihn Kustos. Denn das heißt auf Lateinisch: der Wächter. Sie freuen sich nun darauf, dass sie in der Nacht ganz ruhig schlafen können. Doch damit haben sie sich geirrt: In der ersten Nacht bellt Kustos acht Mal lang und anhaltend, sodass alle Familienmitglieder jedes Mal aufwachen. Einmal war offensichtlich draußen auf dem Weg eine Katze vorbeigelaufen, ein andermal ein Kaninchen und einmal hatte sich ein Vogel kurz vor Sonnenaufgang auf den Zaun gesetzt und gesungen. So konnte es nicht weitergehen! Und die Eltern beschlossen, Kustos so zu erziehen, dass er nur noch bellt, wenn eine Person ganz nah an den Zaun herankommt oder versucht, über den Zaun zu steigen. Das hat einige Wochen gedauert und einige Mühe gekostet. Aber inzwischen bellt Kustos nur noch, wenn tatsächlich eine Gefahr droht.«

Sie können die Aufgabe, dass die Angst erzogen werden muss, auch auf folgende Art erläutern, die sich anbietet, wenn Ihr Kind ein jüngeres Geschwister hat:

»Erinnerst du dich noch, wie dein kleiner Bruder sich verhalten hat, als er gerade gelernt hatte zu krabbeln? Er krabbelte langsam von den Hosenbeinen der Mama fort und schaute sich interessiert die Welt an. Plötzlich aber bekam er Angst. Es war alles neu und unbekannt, vielleicht auch gefährlich! Und er krabbelte schnell zurück zum Hosenbein der Mama und holte sich dort Sicherheit. Aber – so dachte er nach einiger Zeit: ›Die Welt ist so spannend!‹ Und er krabbelte erneut los, jetzt schon über die Stelle hinaus, die ihm beim ersten Mal Angst gemacht hatte. Aber die kannte er ja schon. Also krabbelte er weiter, kam dann aber wieder in eine Gegend des Zimmers, die ganz neu und unbekannt war. Das machte ihm wiederum Angst. Also krabbelte er erneut ganz schnell zurück zum Hosenbein der Mama und holte sich Sicherheit. Erinnerst du dich noch? Das hat dein Bruder damals ganz oft gemacht. ... Auf diese Weise hat er seine Angst erzogen. Das machen alle Kleinkinder so.«

Eine positive Beziehung zur Angst aufbauen

Die Angst ist dafür da, dass sie schützt und vor Gefahren bewahrt. Deshalb ist sie ein Freund und Helfer. Manchmal aber hält sich ein Freund und Helfer für so wichtig und unverzichtbar, dass er sich mit großer Macht aufdrängt und das ganze Leben einer Person zu bestimmen sucht. In einem solchen Fall muss diese Person der Angst deutliche Grenzen setzen – was nicht leicht ist. Aber trotzdem sollte man einen Freund und Helfer nicht als einen Feind betrachten und ihn bekämpfen. Vielmehr sollte man ihn als einen guten Bekannten begrüßen und seine guten Absichten bestätigen. Damit wird ein positiver Kontext geschaffen. Und positiv besetzte Kontexte können leichter verlassen werden als negativ besetzte. Wenn die eigene Angst der Feind ist, dann gibt es wenig Möglichkeiten, von der Angst loszukommen. Wird sie dagegen als Freund betrachtet, der allerdings im Augenblick als sehr quälend und bedrängend erlebt wird, kommt die Lösung näher. Die Angst wirkt dann nicht mehr so einschüchternd, sodass es der Person möglich wird, sie als ein Stück von ihr selbst zur Kenntnis zu nehmen. Die betroffene Person kann sie dann freundlich als »ihre Angst« ansprechen, zugleich aber eine eigene Position ihr gegenüber einnehmen und beispielsweise sagen: »Hallo, du bist meine Angst, wir kennen uns gut. Aber von nun an werde ich nicht mehr all das tun, was du sagst.«

Reden über gute und angstfreie Zeiten

Einem Kind, das unter anhaltenden Ängsten leidet, sollten Sie als Eltern zeigen, dass Sie ganz sicher an seiner Seite stehen. Gleichzeitig aber ist es nicht hilfreich, der Angst allzu viel Aufmerksamkeit zu widmen. Hören Sie dem Kind, das über seine Angst redet, aufmerksam zu, aber verfallen Sie nicht in den Fehler, nun vornehmlich mit dem Kind über Angst zu sprechen. Man löst nicht Probleme, indem man über Probleme redet. Reden sollten Sie vielmehr über die Zeiten, in denen das Kind keine Angst hat. Damit vermitteln Sie dem Kind das Erleben, dass die Angst ja gar nicht sein ganzes Leben bestimmt, sondern dass es auch viele Zeiten gibt, in denen die Angst gar nicht da ist. Kommt Ihr Kind beispielsweise aus dem Kindergarten, den es nur mit viel Widerstand und vielem Weinen wegen seiner Ängste besucht hat, sollten Sie nicht danach fragen, wie es denn mit seinen Ängsten gewesen sei. Damit würden Sie nur die Aufmerksamkeit Ihres Kindes wieder auf seine Angst lenken. Vielmehr sollten Sie mit ihm darüber reden, was es heute im Kindergarten gemacht und woran es am meisten Spaß hatte. Dazu sollten Sie viele Fragen stellen und dafür großes Interesse zeigen.

Reden Sie also mit Ihrem Kind gezielt über die Zeiten, wo die Angst nicht da war. Sie werden feststellen: Die Stimmung hellt auf. Zudem lassen sich auf diese Art Hinweise finden, welche Situationen und welche Personen solche angstfreien Zeiten möglich machen.

Stressquellen reduzieren

Stress erhöht die Wahrscheinlichkeit des Auftretens von Angst. Es lohnt sich deshalb, darüber nachzudenken, welche Stressfaktoren es im Leben Ihres Kindes und Ihrer Familie gibt und wie Sie sie verringern können. Eine Möglichkeit, dem Kind bei der Bewältigung seiner Angst zu helfen, besteht darin, seinen Tag gut zu strukturieren. So können Sie mit dem Kind einen Stundenplan für jeden Tag machen, damit es genau weiß, wann welche Unternehmung und wann welche Aufgabe ansteht. Zugleich sollten Sie auf Regelmäßigkeiten achten, die dem Kind Sicherheit geben. Dazu bieten sich beispielsweise gemeinsame Mahlzeiten an, feste Zeiten, in denen das Kind Hausaufgaben macht, Zeiten, in denen es spielt, und Zeiten, an denen es zu Bett geht. Handy- und Fernsehzeiten sollten Sie regulieren. Sie sollten auch Termine einplanen, in denen Sie Zeit für das Kind haben und zu denen das Kind wünschen kann, was Sie gemeinsam tun.

Wenn Eltern sich zu einer Trennung und Scheidung entscheiden, ist es wichtig, dass beide Elternteile dem Kind die Gründe erläutern. Das Kind muss das sichere Gefühl entwickeln, dass die Eltern sich nicht seinetwegen trennen und dass es die Trennung nicht verschuldet hat (was Kinder vor allem im Alter von 8 bis 12 Jahren häufig denken). Wichtig ist, deutlich zu machen, dass die Trennung eine Entscheidung der Erwachsenen ist, die nichts mit dem Kind zu tun hat. Und beide Eltern sollten dem Kind vermitteln, dass sie weiterhin für das Kind da sind. Das Kind hat zwar das Elternpaar verloren; Mutter und Vater bleiben ihm trotz allem erhalten. Entscheidend ist, dass keiner der beiden Eltern den ehemaligen Partner abwertet. Denn beide Eltern erlebt das Kind als Teil seiner selbst. Wird der Vater von der Mutter schlechtgemacht oder umgekehrt, dann erlebt das Kind sich selbst als schlechtgemacht.

Häufig bleiben nach einer Trennung sehr viel Verletztheit, Kränkung und Trauer bei den Erwachsenen zurück. Auch wenn das oft unvermeidbar ist, sind zwei Dinge im Interesse des Kindes wichtig: Es muss dem Kind erlaubt sein, eine gute Beziehung zu jedem Elternteil zu haben, damit es vor unlösbaren Loyalitätskonflikten bewahrt wird. Zum anderen sollte es an Ihnen, den Erwachsenen, erkennen, dass man über eine Situation traurig sein kann, dass man über das Verhalten eines anderen wütend sein kann und dass man gekränkt sein kann – dass man aber trotzdem über all das reden kann. Lassen Sie das Kind an Ihrem Verhalten erkennen, dass diese Gefühle ihren Platz haben, dass sie aber nicht das ganze Leben bestimmen und Sie trotzdem in der Lage sind, viele Lebenssituationen – und mit der Zeit immer mehr – zu genießen.

Da die Schule im Leben eines Kindes einen bedeutsamen Raum einnimmt, liegt es nahe, danach zu fragen, ob das Kind in der Schule überfordert ist. Übersteigen die Leistungsanforderungen der von ihm besuchten Schule seine intellektuelle Leistungsfähigkeit und gerät es deshalb unter Stress und Druck? Ein Wechsel der Schule kann möglicherweise Entlastung schaffen und Grundlage dafür sein, dass sich Leistungserfolge wieder einstellen und die Angst zurückgeht.

Schwieriger sind Änderungen zu erreichen, wenn innerfamiliärer Stress aufgrund von Arbeitslosigkeit, Schwierigkeiten im Beruf, Problemen in der weiteren Verwandtschaft, Streitigkeiten zwischen den Eltern und aus sonstigen Gründen das Klima in der Familie bestimmt. Diese Dinge können Sie nicht einfach aus der Welt schaffen. Sie helfen aber dem Kind, wenn Sie solche Belastungen offen ansprechen und anerkennen, dass alle Familienmitglieder zurzeit eine schwierige Zeit durchzustehen haben. Gegebenenfalls können Sie Ihrem Kind im Hinblick auf seine Angst am besten helfen, wenn Sie sich zu dem Versuch entschließen, im Rahmen einer Paartherapie Ihre partnerschaftlichen Konflikte zu lösen.

Auch wenn eine bedrohliche körperliche Erkrankung der Mutter oder des Vaters das Familienleben belastet, ist es wichtig, dem Kind altersgerechte, aber wahrheitsgetreue Informationen zu geben – selbst wenn es darum geht, dass die Heilungschancen schlecht sind und der Tod des Elternteils in absehbarer Zeit nicht ausgeschlossen werden kann. Sie sollten immer davon ausgehen, dass Kinder höchst sensibel Ihre Stimmungen, Sorgen und Ängste wahrnehmen, auch wenn Sie noch so sehr versuchen, solche Dinge vor dem Kind geheim zu halten. Das nicht Gekannte, aber doch irgendwie Gespürte ist viel unheimlicher und belastender, als wenn das Kind mit der Realität offen konfrontiert wird. Es ist dann möglich, sich innerhalb der Familie gemeinsam der Bedrohung zu stellen und das Schlimme gemeinsam durchzustehen.

Wenn Eltern über längere Zeit versuchen, das Kind vor der Wahrheit über die Schwere der Erkrankung eines Elternteils zu schützen und es bei seinen Fragen mit geschönten Antworten zu beschwichtigen, führt das zu einer Störung des Vertrauensverhältnisses. In solchen Fällen hat es sich vielfach bewährt, mit dem Kind zu der behandelnden Ärztin zu gehen und diese zu bitten, dass sie das Kind offen und ehrlich über die Erkrankung aufgeklärt. Das Kind wird dadurch gestärkt. Es fühlt sich ernst genommen und erlebt ein Zutrauen der Eltern, das ihm Kraft gibt, die bevorstehenden Belastungen durchzustehen.

Ähnlich ist die Situation, wenn ein Familienmitglied gestorben ist, insbesondere wenn die Oma oder der Opa, die Tante oder der Onkel für das Kind eine wichtige Person war. Versuchen Sie nicht, das Kind vor der Trauer zu bewahren, sondern schließen Sie es in die eigene Aufarbeitung dieses traurigen Ereignisses ein. Lassen Sie es, auch wenn es noch jung ist, an Ihren Trauerritualen, beispielsweise der Beerdigung, teilhaben. Sprechen Sie mit Ihrem Kind darüber, wie sehr es Ihnen wehtut, dass diese Person nicht mehr da ist. Rüdiger Retzlaff[6] erläutert das an folgendem kleinen Fallbeispiel aus seiner psychotherapeutischen Praxis:

> » *Ein dreizehnjähriger Junge wurde vorgestellt, weil er schlecht schlief und der Mutter auf Schritt und Tritt folgte; er hatte Angst, die Mutter könnte sterben, blieb wach, bis sie spät abends heimkam, und wurde immer wieder getröstet: ›Ich komme doch wieder. Nein, es passiert nichts Schlimmes!‹ In den Gesprächen stellte sich heraus, dass er einige Monate zuvor zusammen mit dem Vater den Opa tot in seiner Wohnung aufgefunden hatte. Über dieses Ereignis war nicht angemessen getrauert worden. Er wurde rasch sicherer, nachdem die Familie über dieses tragische Ereignis sprechen konnte.* «

Die Bereitschaft zur Mitarbeit fördern

Es gibt eine sprachliche Wendung, mit der Sie Ihr Kind entlasten und seine Bereitschaft zur Mitarbeit an der Lösung des Problems fördern können. Statt darüber zu sprechen, dass das Kind ein auffälliges, alle Familienmitglieder belastendes Verhalten zeigt, weil es so große Angst hat, formulieren Sie: »Die Angst macht, dass das Kind sich in dieser auffälligen Weise verhält.« Auf diese Weise ist nicht mehr das Kind das Problem, sondern das Problem – die Angst – ist das Problem. Die Angst wird quasi von dem Kind getrennt (in der Fachsprache sagte man: externalisiert) mit der Folge, dass sich nun alle Beteiligten – Mutter, Vater, Geschwister und das betroffene Kind – zusammenschließen können, um gemeinsam die Angst in ihre Schranken zu verweisen. Das Kind fühlt sich dadurch befreit und entlastet und ist viel stärker motiviert, sich der so übermäßigen Angst entgegenzustellen.

---

6 Retzlaff, R. (2008): Spiel-Räume. Stuttgart (Klett-Cotta), S. 241.

Sie können dann mit dem Kind etwa in folgender Weise reden: »Hat es eigentlich in den vergangenen Wochen schon einmal eine Gelegenheit gegeben, in der du stärker warst als die Angst, in der es dir zumindest ein bisschen gelungen ist, der Angst ein Stoppschild zu zeigen? ... Toll, da hast du die Angst also ganz schön überlistet!« Mit dieser Art des Sprechens können Sie zudem trotz aller Probleme einen etwas humorvollen Ton einführen, wenn Sie beispielsweise formulieren: »Papa und Mama haben sich überlegt, dass sie in Zukunft nicht mehr allen deinen Forderungen nachgeben werden (siehe dazu S. 57 ff.). Wir glauben, dass das der Angst ganz schön Angst machen wird und dass sie sich dann vielleicht überlegt, sich wieder ein bisschen aus unserer Familie zurückzuziehen.« Sie können dann auch einmal gemeinsam mit Ihrem Kind überlegen: »Welches Ereignis könnte die Angst eigentlich veranlasst haben zu denken: ›Oh, das ist eine gute Gelegenheit, in dieser Familie Fuß zu fassen!‹ Könnte unsere Trauer um den Tod der Oma vor zwei Jahren ein solcher Anlass gewesen sein?«

Sie werden selbst herausfinden, ob diese sprachliche Wendung Ihnen hilft, innerhalb der Familie besser zu kooperieren. Wenn Sie sich dazu entschließen, diese sprachliche Wendung zu nutzen, sollten Sie darauf achten, dass immer die Angst es ist, die das Verhalten der Familienmitglieder »macht« und auch den Streit zwischen der Mutter und dem Kind oder die Auseinandersetzungen zwischen den Eltern bewirkt.

Zutrauen und Zumuten

Wenn Eltern bemerken, dass ihr Kind große Angst entwickelt, möchten sie ihm verständlicherweise helfen und dafür sorgen, dass es nicht mehr leidet. Leider verhalten sie sich dann oft in einer Art und Weise, die die Ängste des Kindes verstärkt. Wenn ihr Kind beispielsweise in der Nacht mit Angst aufschreckt, lassen sie es die ganze Nacht im elterlichen Bett schlafen. Wenn es große Angst vor Krankheiten hat, messen sie immer wieder das Fieber. Wenn das Kind morgens vor dem Kindergarten über Bauchschmerzen klagt, schlagen sie ihm vor, heute zu Hause zu bleiben. Die Kinder fühlen sich in ihrer Angst bestätigt und werden dementsprechend immer noch ängstlicher.

Am besten unterstützen Sie als Eltern Ihr Kind, wenn Sie einerseits seine Schwierigkeiten sehen und anerkennen, gleichzeitig aber zum Ausdruck bringen, dass Sie Zutrauen in die Fähigkeiten des Kindes haben, seine Ängstlichkeit zu bewältigen. Das bedeutet beispielsweise: Wenn das Kind nach einem schlechten Traum in der Nacht aufschreckt und zu den Eltern läuft, können Sie es in den Arm und vielleicht für kurze Zeit ins elterliche Bett kommen lassen, bis es sich beruhigt hat. Dann allerdings sollten Sie es zurück ins eigene Bett bringen. Wenn ein Kind abends beim Insbettbringen die Mutter auffordert, noch einmal genau zu kontrollieren, ob die Haustür auch fest abgeschlossen ist, kann diese antworten: »Darum brauchst du dich nicht zu kümmern. Wir sorgen als deine Eltern für deine Sicherheit. Du kannst ganz beruhigt schlafen.« In ähnlicher Weise kann der Vater seinem Kind, das aus Angst ohne seine Anwesenheit nicht einschlafen will, sagen: »Ich bleibe noch einen Augenblick hier bei dir, ohne dass wir noch miteinander sprechen. Nach 5 Minuten gehe ich und setze mich ins Wohnzimmer. Für deine Sicherheit sorgen Mama und Papa.« Und wenn das Kind morgens vor dem Kindergarten über Bauchschmerzen klagt, kann der Vater ihm noch einen »Gesundheitstee« mit Honig zubereiten und die Zuversicht äußern, dass es die Bauchschmerzen beim Spielen im Kindergarten sicher vergessen wird.

Wenn Sie als Eltern Ihrem Kind zumuten, Angst auch mal aushalten zu können, zeigen Sie großes Zutrauen. Sie geben dem Kind die Chance zu lernen, seine eigene innere Erregung selbst zu regulieren, statt sich dabei auf die Eltern zu verlassen. Das stärkt die Kinder. Allerdings müssen Sie sich dann auch selbst zumuten, dass Sie es aushalten zu beobachten, wie Ihr Kind sich ängstigt. Das ist für viele Eltern nicht leicht. Aber wenn Sie möchten, dass Ihr Kind stark wird, müssen Sie selbst von sich Stärke verlangen. Das heißt: Wenn Kinder oder Jugendliche unter vielen Ängsten leiden, können Sie als Eltern am besten helfen, wenn Sie Ihr eigenes Verhalten ändern. Sie müssen sich selbst etwas zumuten, um dem Kind Zutrauen vermitteln zu können. Starke Kinder brauchen starke Eltern.

In dieser Haltung der Stärke und Entschiedenheit kann der Vater die Mutter und die Mutter den Vater unterstützen. Manchmal allerdings ist es eine gar nicht leichte Gratwanderung, dem Kind einerseits zu zeigen, dass Sie als Eltern seine Schwierigkeiten sehen und anerkennen, ihm andererseits aber deutlich zu machen, dass Sie es für stark genug halten, seine Ängste selbst zu bewältigen. Dann kann es hilfreich sein, wenn Sie als Mutter und Sie als Vater jeweils im Laufe des Tages Situationen notieren, in denen Sie unsicher waren, ob Sie diese Gratwanderung gut bewältigt haben. Abends, wenn das Kind im Bett ist, können Sie als Eltern dann miteinander besprechen, welche Lösungen es in der bestimmten Situation jeweils gegeben hätte. Auf diese Weise stärken Sie sich gegenseitig, sodass Ihr Kind merkt, dass Sie sich in den Fragen des grundsätzlichen Umgangs mit dem Kind einig sind. Auch das gibt dem Kind große Sicherheit und vertreibt die Angst.

Familiäres Entgegenkommen abbauen

Wenn Sie ein den Wünschen und Forderungen des Kindes entgegenkommendes und an seine Forderungen angepasstes Verhalten wieder abbauen und damit die Ängste des Kindes begrenzen wollen, hilft Ihnen die im vorangegangenen Abschnitt beschriebene Haltung des Zutrauens und Zumutens. Zeigen Sie Empathie und Mitgefühl mit dem Leiden des Kindes an seinen Ängsten und gleichzeitig eine eindeutige Entschlossenheit, das Problem zu lösen. Es geht also nicht um ein Entweder-oder, das heißt um die Frage, soll ich den Forderungen des Kindes nachgeben oder mich widersetzen. Vielmehr unterstützen Sie Ihr Kind bei der Bewältigung seiner übertriebenen Ängste durch ein Sowohl-als-auch, nämlich dadurch, sowohl zu akzeptieren und anzuerkennen, dass das Kind Angst hat und leidet, als auch die Überzeugung zu vertreten, dass es lernen wird, immer mehr Angst zu ertragen und durchzustehen.

Wenn es sich nun in Ihrer Familie seit längerer Zeit eingespielt hat, dass Sie als Eltern und auch die Geschwister sich den angstbedingten Wünschen des Kindes mit einer Angststörung anpassen und seinen Forderungen entsprechen, ist es allerdings nicht sinnvoll, Ihr Verhalten von heute auf morgen zu verändern. Vielmehr müssen Sie schrittweise vorgehen, um dem Kind die Chance zu geben, seine Angstbewältigungskompetenz allmählich aufzubauen. Sie sollten Ihr Kind zunächst einmal darüber informieren, dass Sie als seine Eltern zu dem Entschluss gekommen sind, sich seinen Forderungen, die durch die Angst diktiert werden, zu widersetzen. Erläutern Sie ihm, dass Sie erkannt haben, dass Ihr bisheriges Verhalten (beispielsweise das Kind im elterlichen Bett schlafen zu lassen) das Problem nur noch hat schlimmer werden lassen. Sodann sollten Sie festlegen, welches Angstverhalten als Erstes angegangen wird. Wenn Ihr Kind sich zur Mitarbeit bereit erklärt, können Sie das gemeinsam mit ihm absprechen. Zeigt es keinen Willen zur Kooperation, teilen Sie ihm das Ergebnis Ihrer Planung mit, ohne sich auf Diskussionen einzulassen. Erläutern Sie ihm knapp, dass Sie zu der Überzeugung gekommen sind, dass es Ihre Aufgabe als Eltern ist, für eine Lösung des Problems Sorge zu tragen.

Ihr Plan besteht darin, im Hinblick auf das ausgewählte Angstverhalten das familiäre Entgegenkommen schrittweise zu reduzieren. Die einzelnen Etappen sollten Sie schriftlich festhalten und dem Kind mitteilen. Wenn das Kind in einem Fall von Trennungsangst nicht bereit ist, sich allein in der Wohnung aufzuhalten, kann das bedeuten: Die Eltern verlassen gegen Abend zunächst für fünf Minuten gemeinsam die Wohnung. Sie nehmen ihr Handy mit, antworten aber nicht auf Anrufe des Kindes. Eventuell können Sie dem Kind die Möglichkeit einräumen, ein entfernteres Familienmitglied anzurufen. Nach der festgelegten Zeit kommen Sie pünktlich zurück und zeigen ihm, wie stolz Sie auf seine Leistung sind. Dies wird an mehreren Abenden wiederholt, sodann die Zeit der Abwesenheit in mehreren Schritten gesteigert, bis das Kind schließlich kein größeres Problem mehr damit hat, allein in der Wohnung zu bleiben. Für beide »Parteien« eröffnet sich bei einem solchen Vorgehen ein wichtiges Lernfeld: Das Kind muss lernen, die Angst während der Abwesenheit der Eltern auszuhalten. Die Eltern müssen sich zumuten, ihr Wissen um die Angst des Kindes zu ertragen und doch seine Anrufe nicht zu beantworten. Sie sollten sich auch dabei gegenseitig darin bestärken, dass starke Eltern starke Kinder haben werden, die für das Leben gut gewappnet sind.

Das hier geschilderte Vorgehen ist sowohl für Sie als Eltern als auch für Ihr Kind harte Arbeit, die zwar sehr Erfolg versprechend, aber auch anstrengend ist. Wenn sich dabei eine Gelegenheit ergibt, die Dinge auch einmal aus einer humorvollen Distanz zu betrachten, sollten Sie das unbedingt nutzen. So haben manche Kinder, die unter Angststörungen leiden, den Wunsch nach 100%iger Sicherheit. Dieser Wunsch ist selbstverständlich nicht erfüllbar und damit der sicherste Weg in die Angst. Dass 100%ige Sicherheit nie zu erreichen ist, können Sie Ihrem Kind veranschaulichen, indem Sie es dringend davor warnen, am Nachmittag das Haus durch die Eingangstür zu verlassen. Denn es könnte sein, dass ein Zirkus in der Stadt ist, und es könnte sein, dass aus dem Zirkus gerade ein Löwe ausgebrochen ist, und der könnte gerade vorbeikommen, wenn das Kind aus der Haustüre tritt. ... Die Hintertür und der Weg durch den Garten sind aber auch nicht zu empfehlen. Denn es könnte geschehen, dass gerade ein Flugzeug kein Kerosin mehr hat, und dieses Flugzeug könnte genau über dem Garten abstürzen, wenn das Kind das Haus verlässt. Und nach einem solchen humorvollen Hinweis sollten Sie Ihrem Kind Ihr Vertrauen verdeutlichen, dass es lernen wird, mit der Unvorhersehbarkeit zukünftiger Ereignisse umzugehen, dass es ihm bald auch (wieder) gelingen wird, den wechselnden Seiten des Lebens mit einer fröhlichen Neugier zu begegnen.

Sie können Ihrem Kind auch die folgende Geschichte von Bernd Schumacher[7] erzählen. Sie hat sich ebenfalls als geeignet erwiesen, Kinder und Jugendliche dazu anzuregen, ihr Bedürfnis nach völliger Kontrolle aus der Distanz zu betrachten, und innerlich lächelnd zur Kenntnis zu nehmen, dass selbst Mächtigere daran scheitern:

> »Als die Erde noch nicht bevölkert war – es war eine gemütliche Zeit der Eintracht auf Erden – pflegten Gott und der Teufel

7 Schumacher (o. J.): Es muss was geschehen, aber es darf nichts passieren – Systemische Strategien bei Einzelpatienten mit Angststörungen. Verfügbar unter: www.magst.de/pdf/bs_systemische_strategien.doc [03.03.19].

gelegentlich gemeinsam spazieren zu gehen. Eines Abends nun saßen sie am Lagerfeuer und unterhielten sich über Gott und die Welt, wie man so schön sagt. Der Teufel, schon immer neckisch, brachte das Thema Macht auf und fragte Gott, ob er eigentlich immer noch glaube, allmächtig zu sein. Gott, mit einem müden Lächeln, blickte zum Teufel hinüber, als wolle er sagen: ›So überflüssige Fragen kannst auch nur du stellen.‹ Der Teufel, seinerseits angestachelt durch diese Überheblichkeit, schlug Gott ein kleines Experiment vor dem Schlafengehen vor. Gott, siegesgewiss, stimmte dem zu; es war ja ein kleines Experiment, weil für jemanden, der allmächtig ist, alle Experimente klein sind. Der Teufel sagte: ›O. k., dann erschaffe einen Felsen, der so groß ist, dass du nicht darüber springen kannst.‹«

Über die Frage: »Was denkst du, warum ich dir diese Geschichte erzählt habe?« können Sie mit Ihrem Kind in ein Gespräch darüber kommen, welche Bedeutung Sicherheit für verschiedene Menschen – beispielsweise die Mutter, den Vater, die Schwester oder den Bruder – hat und wie viel Risiko diese Personen ertragen können, dass aber völlige Sicherheit niemals möglich ist. Das gibt Ihnen die Chance, auf diese Geschichte zurückzugreifen, wenn das Kind in der nächsten Zeit auf die alte Art und Weise nach ganz viel Sicherheit strebt: »O. k., du musst doch noch einmal versuchen, den Felsen zu erschaffen, über den du nicht springen kannst!«

Das Vermeiden vermeiden – sich der Angst aussetzen

Wenn Sie Ihr familiäres Entgegenkommen abbauen, veranlassen Sie das Kind dazu, sich der angstbesetzten Situation auszusetzen und die Erfahrung zu machen, dass die Angst aushaltbar ist. Ein prinzipiell ähnliches, aber noch weiterreichendes Vorgehen besteht darin, das Kind dazu anzuregen, sich einer angstbesetzten Situation auszusetzen und sie so lange auszuhalten, bis die Angsterregung zurückgeht. Dieses Vorgehen, das als Exposition bezeichnet wird, gehört zu den wirksamsten Therapiemaßnahmen bei Angst. Man nutzt dabei die Tatsache, dass Gefühle heftiger Angst nicht unendlich lange bestehen können. Die Nervenzellen, die die Angst bewirken, erschöpfen sich nach 20 bis 30 Minuten. Sie müssen sich dann eine Zeit lang erst wieder erholen, bis sie gegebenenfalls erneut Angst produzieren können. Das Kind erlebt: Ich kann die Angst ertragen, bis sie abflaut. Es macht damit eine Erfahrung von Kompetenz und Erfolg – gerade weil die 20 Minuten Angstaushalten durchaus anstrengend sind. Voraussetzung dabei ist allerdings – anders als beim Abbau des familiären Entgegenkommens – eine Bereitschaft des Kindes zur Mitarbeit.

Das Kommen und Gehen von Angst können Sie Ihrem Kind mit folgender Metapher verdeutlichen:

»Die Angst ist wie ein ICE. Man hört ihn in der Ferne, er wird immer lauter und lauter und fährt an demjenigen, der an der Strecke steht, mit ohrenbetäubendem Lärm vorbei, bis er allmählich leiser und leiser wird und das Geräusch in der Ferne verschwindet.« Und mit Blick auf die Idee, keine Angst haben zu wollen: »Es ist überhaupt keine gute Idee, zwischen die Schienen zu treten und den Lokomotivführer des ICE durch lebhaftes Gestikulieren aufzufordern, er solle anhalten. Bei einer Geschwindigkeit von 300 km beträgt der Bremsweg etwa 2,8 km.«

Dieses Vorgehen, die Exposition, ist nicht neu und bereits von Johann Wolfgang von Goethe[8] in jungen Jahren erfolgreich praktiziert worden. Wie in »Dichtung und Wahrheit« nachzulesen, zeigte Goethe in seiner Straßburger Zeit diverse Angstsymptome, die sich mit den Begriffen Höhenangst, Nachtangst, Angst vor Dunkelheit, Angst vor Lärm, Angst vor dem Anblick von Toten und Angst vor Ekligem beschreiben lassen. Dabei machte er – nach aktuellem Forschungsstand – alles richtig: Er setzte sich seinen Ängsten relativ bald aus, nachdem er sie als störend wahrgenommen hatte, tat dies jeweils so

8 Goethe, J. W. von (1955): Goethes Werke. Hamburger Ausgabe, Bd. 9. Hamburg (Christian Wegner), S. 374 f.

lange, bis die Angsterregung abflaute, und wiederholte diese – wie er schrieb – »etwas heftige« Vorgehensweise so oft, dass er nach seiner Behauptung in seinem ganzen Leben selbst in Extremsituationen niemals mehr derartige Ängste verspürte.

Im zweiten Teil von »Dichtung und Wahrheit« schreibt Goethe:

> » *Ich befand mich in einem Gesundheitszustand, der mich bei allem, was ich unternehmen wollte und sollte, hinreichend förderte; nur war mir noch eine gewisse Reizbarkeit übrig geblieben, die mich nicht immer im Gleichgewicht ließ. Ein starker Schall war mir zuwider, krankhafte Gegenstände erregten mir Ekel und Abscheu. Besonders aber ängstigte mich ein Schwindel, der mich jedes Mal befiel, wenn ich von einer Höhe herunterblickte. Allen diesen Mängeln suchte ich abzuhelfen, und zwar, weil ich keine Zeit verlieren wollte, auf eine etwas heftige Weise. Abends beim Zapfenstreich ging ich neben der Menge Trommeln her, deren gewaltsame Wirbel und Schläge das Herz im Busen hätten zersprengen mögen. Ich erstieg ganz allein den höchsten Gipfel des Münsterturms und saß in dem sogenannten Hals, unter dem Knopf oder der Krone, wie man's nennt, wohl eine Viertelstunde lang, bis ich es wagte, wieder heraus in die freie Luft zu treten, wo man auf einer Platte, die kaum eine Elle ins Gevierte haben wird, ohne sich sonderlich anhalten zu können, stehend das unendliche Land vor sich sieht, indessen die nächsten Umgebungen und Zieraten die Kirche und alles, worauf und worüber man steht, verbergen. Es ist völlig, als wenn man sich auf einer Montgolfiere in die Luft erhoben sähe. Dergleichen Angst und Qual wiederholte ich so oft, bis der Eindruck mir ganz gleichgültig ward, und ich habe nachher bei Bergreisen und geologischen Studien, bei großen Bauten, wo ich mit den Zimmerleuten um die Wette über die freiliegenden Balken und über die Gesimse des Gebäudes herlief, ja in Rom, wo man eben dergleichen Wagstücke ausüben muss, um bedeutende Kunstwerke näher zu sehen, von jenen Vorübungen großen Vorteil gezogen. Die Anatomie war mir auch deshalb doppelt wert, weil sie mich den widerwärtigsten Anblick ertragen lehrte, indem sie*

meine Wissensbegierde befriedigte. Und so besuchte ich auch das Klinikum des älteren Doktor Ehrmann sowie die Lektionen der Entbindungskunst seines Sohnes in der doppelten Absicht, alle Zustände kennenzulernen und mich von aller Apprehension gegen widerwärtige Dinge zu befreien. Ich habe es auch wirklich darin so weit gebracht, dass nichts dergleichen mich jemals aus der Fassung setzen konnte. Aber nicht allein gegen diese sinnlichen Eindrücke, sondern auch gegen die Anfechtungen der Einbildungskraft suchte ich mich zu stählen. Die ahndungs- und schauervollen Eindrücke der Finsternis, der Kirchhöfe, einsamer Örter, nächtlicher Kirchen und Kapellen und was hiermit verwandt sein mag, wusste ich mir ebenfalls gleichgültig zu machen; und auch darin brachte ich es so weit, dass mir Tag und Nacht und jedes Lokal völlig gleich war, ja dass, als in später Zeit mich die Lust ankam, wieder einmal in solcher Umgebung die angenehmen Schauer der Jugend zu fühlen, ich diese in mir kaum durch die seltsamsten und fürchterlichsten Bilder, die ich hervorrief, wieder einigermaßen erzwingen konnte. «

Bei Kindern mit Angststörungen hat sich ein schrittweises Vorgehen am meisten bewährt. Dafür werden Situationen, die bei dem Kind Angst auslösen, auf Karten geschrieben und dann nach der Stärke der Angst in aufsteigender Reihenfolge sortiert. Man beginnt damit, dass das Kind sich so lange der am wenigsten angstauslösenden Situation aussetzt, bis es merkt, dass die Angst von alleine geringer wird. Das Kind darf selbst entscheiden, ob es dabei von einer Vertrauensperson begleitet werden will. Diese Übung sollte unter unterschiedlichen Rahmenbedingungen wiederholt werden. Nach jedem mehrfach bewältigten Schritt folgen neue Übungen mit der jeweils schwierigeren Situation. Die einzelnen Schritte sollten nicht zu groß sein, da auf jeden Fall erreicht werden muss, dass das Kind die Situation so lange aushält, bis die Angst abflaut. Insofern gilt die Regel: Der längere Weg ist meist der kürzere.

Für viele Kinder ist es hilfreich, wenn sie zuvor ein bestimmtes Symbol, beispielsweise einen Mutmachstein, geschenkt bekommen, den sie in jede neue Situation mitnehmen können. Jugendlichen gelingt es häufig nach guter Vorbereitung, sich ganz eigenständig zunehmend schwierigen Angstsituationen auszusetzen, wodurch sie eine besonders intensives Erfolgserleben haben und eine sehr sichere Kontrollüberzeugung entwickeln, die ihnen hilft, gegebenenfalls auch Jahre später wieder auftretende Angstgefühle zu bewältigen.

Zuweilen ist es nicht ganz einfach, die Bereitschaft des Kindes zu einer Mitarbeit bei diesem Vorgehen zu erreichen. Denn es erlebt ja seine Strategie des Vermeidens der angstbesetzten Situationen zunächst einmal als erfolgreich – auch wenn es erkennen kann, dass dies langfristig keine Lösung darstellt. In einem solchen Fall müssen Sie zunächst mit dem Kind die Folgen dieser Strategie des Vermeidens genau erörtern: den Verlust der Freunde, das Scheitern der Schullaufbahn, die Unmöglichkeit einer Berufsausbildung mit allen Konsequenzen, das Angewiesensein auf die Unterstützung durch die Eltern und vieles andere mehr. Erst wenn es erkennt, in welch hohem Maße die »Kosten«, also die Nachteile und Konsequenzen dieses Verhaltens, sein derzeitiges und vor allem auch sein zukünftiges Leben beeinträchtigen, wird es eine Bereitschaft entwickeln, dieses besonders zu Anfang anstrengende Vorgehen auf sich zu nehmen.

Sie können die Situation Ihrem Kind auch mit der folgenden Metapher verdeutlichen:

> »Schau, deine übermächtige Angst ist wie eine Erpresserin. Sie handelt wie ein Junge, der zusammen mit seiner Clique seinem Mitschüler Tobias den Schulweg versperrt und sagt: ›Wir lassen dich nur durch, wenn du uns 5 Euro zahlst!‹ Nehmen wir an, der Schüler gibt ihm die 5 Euro: Was denkst du wird am nächsten Tag passieren? ... Ja, du hast recht. Am nächsten Tag verlangt er wahrscheinlich zehn Euro, am übernächsten 15 Euro und so weiter und so fort, bis Tobias nicht mehr zahlen kann. Was sollte Tobias deiner Meinung jetzt tun? Sich Geld leihen? Die Eltern informieren? Oder den Schulrektor? Oder die Polizei? ... Ja, wenn Tobias sich Geld leiht, geht die Sache immer weiter und wird noch schlimmer. Tobias muss also etwas ganz anderes tun, damit dieses Erpressen aufhört.«

Kontroll- und Kompetenzüberzeugungen fördern

Das Erleben und die Überzeugung von Kindern oder Jugendlichen, die Angst komme über sie, ohne dass sie etwas dagegen unternehmen könnten, lässt die Angst wachsen. Zudem entwickeln sie eine Angst vor der Angst, von der sie glauben, sie werde in der nächsten schwierigen Situation ganz sicher aufkommen. Demgegenüber ist die Erfahrung, eine Angstsituation ausgehalten zu haben, ein Erfolg, der Kindern und Jugendlichen zeigt, dass sie der Angst nicht hilflos ausgeliefert sind. Sie lernen, wie mutig und wie stark sie sich zeigen können und dass sie in der Lage sind, ihr Leben zu beeinflussen und zu gestalten. Sie sind dann nicht mehr Opfer von irgendwelchen Gefühlen, die über sie hereinbrechen.

Wichtig ist, dass Sie als Eltern jeden neuen Schritt, den das Kind beim Sichaussetzen und Aushalten der Angst geht, anerkennen und Ihre Freude darüber zum Ausdruck bringen. Wenn Sie ihm bei solchen Gelegenheiten sagen: »Ich bin stolz auf dich!«, dann werden sein Selbstvertrauen und seine Selbstsicherheit wachsen und eine gute Basis für die nächste Herausforderung sein. Darüber hinaus lohnt es sich, danach zu schauen, bei welchen anderen Gelegenheiten und Situationen das Kind sich eigentlich schon ziemlich mutig zeigt und aufkommende Ängste aushält. Auch solche Gelegenheiten sollten Sie nutzen, die Leistung des Kindes anzuerkennen, beispielsweise: »Wow, das hast du geschafft! Wie hast du das geschafft? ... Aha, das weißt du nicht recht. Aber du hast es geschafft! Was sagt dir das über dich? ... Grundsätzlich bist du also eine Person, die mit ihrer Angst umgehen kann – zumindest wenn die nicht zu groß ist!«

Darüber hinaus gibt es immer wieder Chancen, Ihrem Kind Entscheidungsfragen zu stellen: »Möchtest du, dass wir am Wochenende zum Fußballspiel gehen, oder sollen wir eine Fahrradtour machen?« Wenn Sie darauf achten, werden Sie im Alltag viele Gelegenheiten erkennen, Ihr Kind Dinge entscheiden zu lassen. Es fühlt sich dadurch ernst genommen und in seiner Fähigkeit, Verantwortung zu übernehmen, gestärkt. Dabei empfiehlt es sich, Entscheidungen zwischen zwei Möglichkeiten anzubieten. Demgegenüber sind offene Fragen wie: »Was sollen wir am Wochen unternehmen?« viel schwieriger zu beantworten. Mit vielen Entscheidungsfragen können Sie das Kontrollerleben Ihres Kindes fördern und ausbauen. Das hilft gegen Angst. Denn die Wissenschaft zeigt eindeutig, dass Kontrollüberzeugung mit ungerechtfertigter Angst schwer zu vereinbaren ist. Wer glaubt, die Dinge in seinem Leben beeinflussen zu können, dürfte selten von übermäßigen Ängsten heimgesucht werden.

Grundsätzlich sollten Sie sich darum bemühen, die guten Eigenschaften Ihres Kindes und sein positives Verhalten wahrzunehmen und anzuerkennen. Setzen Sie eine Positiv-Brille auf! Mit jeder anerkennenden Bemerkung stärken Sie das Selbstwerterleben Ihres Kindes und damit auch seine Fähigkeit, mit seinen Ängsten umzugehen. Leider ist es in unserer Gesellschaft weit verbreitet, andere auf ihre Fehler und das, was ihnen misslingt, aufmerksam zu machen. Man verweist eher darauf, dass ein Glas halb leer ist, als darauf, dass es halb voll ist. Aber von Hinweisen auf Fehler profitieren die meisten Menschen wenig. Ein Lernen gelingt viel besser, wenn positive Leistungen anerkannt werden. Denn das motiviert dazu, mehr davon zu machen.

Allerdings ist es manchmal, wenn die Belastung in Familien hoch ist, nicht leicht, diesen Positiv-Blick einzunehmen. Für viele Eltern hat es sich in solchen Fällen bewährt, abends eine ruhige Viertelstunde zu nutzen, um in einem kleinen Tagebuch im Rückblick auf den Tag zu notieren, wann ein Kind seine guten Seiten gezeigt hat, wann es etwas gut gemacht hat und wann es etwas Positives geschafft hat. Wenn Sie das über 14 Tage regelmäßig machen und in dieser Art ein Positiv-Tagebuch verfassen, haben Sie die gute Chance, dass sich Ihre Wahrnehmung auf Ihr Kind ändert, Sie selbst zufriedener werden, häufiger die Gelegenheit finden, Verhaltensweisen des Kindes anzuerkennen, und sich Ihre Beziehung zu ihm bessert.

Die Angst beeinflussen, wenn sie sich anmeldet

Viele Kinder und Jugendliche spüren, wenn die Angst sich sozusagen anmeldet. Sie fühlen sich irgendwie unwohl, erleben eine Situation als »komisch«, es grummelt im Magen, ihnen wird übel, das Herz fängt an, schneller zu schlagen, und der Gedanke stellt sich ein: »Es fängt schon wieder an!« Wenn Ihr Kind derartiges berichtet, können Sie die Gelegenheit nutzen und mit ihm gemeinsam überlegen, ob es irgendetwas geben könnte, beim Aufkommen der ersten komischen Gefühle die weitere Entwicklung in die Angst zu stoppen und die Angstattacke abzuwehren. Wäre es hilfreich, den Kopfhörer aufzusetzen und die Lieblingsmusik zu hören ... oder zur Schwester zu gehen und ihr ein Spiel vorzuschlagen ... oder die Mutter aufzusuchen und ihr bei der Gartenarbeit zu helfen ... oder einen Freund anzurufen, mit ihm zu quatschen oder sich mit ihm zu verabreden ... oder sich ein Eis zu kaufen ...? Jedes Kind dürfte andere Ideen aufgreifen oder selbst entwickeln. Und wenn es ihm auf eine solche Art und Weise gelingt, nicht so tief in die Angst zur rutschen, hat es einen großen Erfolg zu verbuchen.

Ablenkung

Allein das Nachdenken darüber, keine Angst haben zu wollen, führt unweigerlich zu Gedanken über die negativen Auswirkungen der Angst. Wiederholtes Nachdenken über die Angst ist sozusagen eine wichtige Voraussetzung dafür, dass die Angst bestehen bleibt. Dieses wiederholte Nachdenken kostet Zeit. Und das bedeutet: Wer in seinem Alltag viel Zeit hat, ist in diesem Sinne gefährdeter. Das betrifft besonders die Jugendlichen, die kaum noch aus dem Haus gehen und keine Freunde mehr treffen. Umgekehrt berichten viele Jugendliche, dass sie die Erfahrung gemacht hätten, dass die Angst seltener aufgetreten sei, wenn sie abgelenkt gewesen seien.

Aber Ablenkung ist keine einfache Strategie, um den Gedanken an die Angst zu entkommen. Tut eine Person beispielsweise etwas, damit sie nicht an die Angst denkt – sie liest ein Buch oder sieht fern –, wird sie ihre Aufmerksamkeit verstärkt auf ihre Angstgefühle lenken, um zu überprüfen, ob ihre Strategie auch funktioniert. »Echte« Ablenkung kann man nicht aktiv erzeugen. Sie geschieht unwillkürlich und spontan. So könnte es geschehen, dass ein Buch so interessant oder ein Fernsehfilm so spannend ist, dass die Person ihre gesamte Aufmerksamkeit auf das Buch oder den Fernsehfilm richtet und sozusagen vergisst, ihre Angst zu beobachten.

In dem auf Seite 62 angeführten Zitat aus »Dichtung und Wahrheit« vergaß Goethe seine Gefühle des Ekels vor dem Abstoßend-Widerwärtigen im Seziersaal, als sein Interesse und seine Aufmerksamkeit sich ganz auf die Anatomie des Menschen konzentrierten. Das heißt: Wenn Sie eine Strategie der Ablenkung des Kindes von der Angst verfolgen wollen, ist es notwendig, nach Interessengebieten zu forschen, die die Aufmerksamkeit des Kindes oder Jugendlichen ganz in Anspruch nehmen können. Sie können mit dem Kind gemeinsam überlegen, womit es sich in den letzten Jahren gerne beschäftigte und was seine Aufmerksamkeit ganz in Anspruch genommen hat. »Gibt es etwas, was dich fasziniert, mit dem du dich gerne beschäftigst, das du ganz spannend findest?« Sie können mit dem Kind gemeinsam aber auch erörtern, wann es in den vergangenen Wochen und Monaten keine oder nur wenig Angst verspürte.

- Wann gab es in der letzten Zeit eine oder mehrere Stunden / Minuten / kleine Momente, in denen Gedanken an die Angst nicht oder kaum noch da waren?
- Was war das Besondere an dieser Situation?
- Was genau hast du getan und was war das Spannende daran? Könnte es sein, dass du dabei sozusagen vergessen hast, an deine Angst zu denken?
- Kannst du von dem, was du da gemacht hast, mehr machen?
- Was würde dann mit deiner Angst geschehen?

Die Palette möglicher Interessengebiete ist groß und kann vom Fitnesstraining über Mannschaftssport und Treffen mit Gleichaltrigen bis hin zu Gruppen reichen, die sich mit ökologischen Fragen beschäftigen.

Energie folgt der Aufmerksamkeit

Ablenkung ist – wie gezeigt – dann wirksam, wenn sie die Aufmerksamkeit und die Energie auf ein anderes Thema als die Angst orientiert. Diese Umorientierung gelingt dann, wenn das Kind oder der Jugendliche in dem anderen einen Sinn sieht, wenn dieses andere sein Interesse weckt, seine Fähigkeiten herausfordert und ihm Spaß und Zufriedenheit verschafft. Denn für das Auftreten und Aufrechterhalten der Angst wird Energie benötigt, und folglich bedeutet weniger Energie auch weniger Angst.

Demgegenüber haben die Kinder und Jugendlichen, die unter großen Ängsten leiden, im Laufe der Zeit – aus gut nachvollziehbaren Gründen – gelernt, ihre ganze Aufmerksamkeit auf ihre Angstgefühle zu lenken, wann sie wiederkommen könnten, wie schlimm es sein wird, wie die anderen dann reagieren usw. Ihre ganze Energie wird durch die Angst und die Angst vor der Angst aufgezehrt. Denn die Energie folgt der Aufmerksamkeit! Das können Sie Ihrem Kind mit der folgenden Geschichte verdeutlichen:

»Eines Abends erzählt der alte Sioux-Indianer seinem Enkelsohn von der großen Schlacht: ›Weißt du, mein Enkelsohn … dieser Kampf tobt in mir und er wird von zwei Wölfen gekämpft. Der eine Wolf ist böse: voller Probleme, Ärger, Neid, Groll, Leid, Kummer und Sorgen, voller Gier, Arroganz, falschem Stolz, Überlegenheit und Ego, aber auch voller Minderwertigkeitsgefühle, Selbstmitleid, Lüge und Schuld. Der andere Wolf ist gut: voller Freude, Liebe, Mitgefühl, Freundlichkeit, Demut und Wohlwollen, voller Gelassenheit, Großzügigkeit, Wahrheit, Hoffnung und Vertrauen. Fast täglich kämpfen und ringen sie miteinander.‹ Der Enkelsohn hört ganz gebannt zu. Schließlich fragt er seinen Großvater voller Bangen: ›Und welcher von den beiden gewinnt, Großvater?‹ ›Es gewinnt immer der Wolf, den ich füttere!‹«

Insofern kann man das Verhalten vieler Jugendlicher, das so oft von den Eltern beklagt wird, geradezu als Behandlungsversuch ihrer Angstsymptomatik betrachten: Sie vernichten ihre Energie durch exzessives Fernsehen oder exzessives Spielen am Computer. Manche nutzen Cannabis und Marihuana zur Energievernichtung. Und in ähnlicher Weise wirken die älteren Medikamente, die gegen Angststörungen verschrieben werden.

Auch Wut ist eine gute Möglichkeit, Energie zu verbrauchen. Deshalb ist Wut gut gegen Angst. Insofern sollten Sie Ihr Kind durchaus ermutigen, Wut zu äußern – Wut beispielsweise auf die Angst, die sein Leben so beeinträchtigt, aber auch Wut auf andere Personen. Wut ist ein oft berechtigtes Gefühl, und es sollte in der Familie erlaubt sein, seine Wut offen auszudrücken.

In anderer Form können Sie das Thema aufgreifen, indem Sie Ihr Kind mit der Bemerkung überraschen: »Philipp, du bist ja ein Mensch, der viel Energie hat!« Der Jugendliche wird erstaunt zurückfragen und Ihnen Gelegenheit zu der Antwort geben: »Das erkenne ich an deiner Angst! Energielose Menschen können keine Angst haben.« Aus diesem kurzen Diskurs kann sich ein langes Gespräch ergeben, wie und wofür der Jugendliche seine Energie einsetzen wird, wenn er in einiger Zeit gelernt hat, seine Angst so weit zurückzudrängen, dass sie ihn in seiner Entwicklung nicht mehr behindert.

Symbole und kleine Rituale nutzen

Kleine Kinder sind oft sehr einfallsreich und schaffen sich selber in ihrer Fantasie Freunde, um schwierige Situationen zu bewältigen. Solche Fantasiegefährten helfen ihnen, sich weniger alleine zu fühlen. Sie tauchen auf, wenn ein kleines Kind zum ersten Mal in die Welt hinausgeht und sich von seiner Mama trennen muss. Ältere Kinder nutzen sie, wenn beispielsweise ein Geschwister geboren wird oder wenn die Eltern sich trennen. Die Kinder treten dann mit ihrem imaginären Freund in Austausch und besprechen mit ihm Strategien, wie sie mit der Situation besser klarkommen können. Wissenschaftliche Studien konnten zeigen, dass Kinder mit Fantasiefreunden sich besser ausdrücken und in andere einfühlen können als andere Kinder. In einer Art kognitivem Spiel entwickeln sie in besonderem Maße eine soziale Kompetenz. Etwa jedes dritte Kind hat zeitweise eine Freundschaft, die nur in seiner Fantasie existiert.

Diese Fähigkeit können Sie nutzen, wenn Sie Ihrem Kind helfen wollen, seine Angst so weit zu begrenzen, wie es sie zu seinem Schutz braucht. Sie können Ihr Kind beispielsweise fragen:

- Hast du ein Lieblingstier, das dir Kraft geben kann, wenn deine Angst zu groß wird?

- Wie sieht das genau aus? Ist es groß oder klein, dünn oder dick, stark und listig?
- Ist es eher ein Tier deiner Fantasie, oder hast du es irgendwo schon mal gesehen, in der Nachbarschaft, im Zoo, auf Fotos?
- Sollen wir uns einmal Fotos von diesem Tier anschauen?
- Und nun stell dir mal vor, das Tier steht neben dir, du streichelst seinen Pelz, du spürst seine Kraft und merkst, dass es ganz für dich da ist.
- Und nun stell dir vor, dass du beim nächsten Mal, wenn die Angst sich allzu sehr aufdrängt, wieder in den Pelz dieses Tieres greift und spürst, wie seine Kraft auf dich übergeht.

Anschließend können Sie mit Ihrem Kind danach schauen, wo Sie eine kleine Figur dieses Tieres finden, die das Kind tagsüber beispielsweise in seine Hosentasche steckt und nachts unter das Kopfkissen legt. Jedes Mal, wenn die Angst allzu sehr kommt, kann Ihr Kind die Figur anfassen und die Kraft dieses Tieres in sich hineinströmen lassen.

Auch einen anderen Gegenstand kann Ihr Kind auswählen, der ihm als ständiger Begleiter und Kraftquelle dienen soll. Sie kennen Ihr Kind und können deshalb geeignete Vorschläge machen. Das kann eine kleine Kette mit einem Kreuz sein, ein Medaillon, ein schöner Stein, eine Muschel, ein kleiner Gummiball und vieles andere mehr.

Kleine rituelle Handlungen sind ebenfalls geeignet, einem Kind bei der Bewältigung seiner Angst zu helfen. Viele Eltern erfinden spontan solche Rituale, um ihren Kindern mehr Sicherheit zu geben und ihre Angst zu lindern. So schilderte eine Mutter, dass sie für ihr Kind vor jeder Klassenarbeit ein rohes Ei mit viel Zucker und Eiweißschaum zubereite. (Denn jeder weiß ja, dass Eiweiß gut für die Gehirntätigkeit ist!) Wenn Ihr Kind nachts Angst äußert vor dem bösen Drachen, der unter seinem Bett liegt, können Sie am nächsten Tag mit ein oder zwei Brettern feierlich den freien Raum unter dem Bett verschließen. So kann der böse Drache, wenn er denn überhaupt unter solchen Bedingungen noch einmal kommen sollte, nicht mehr unter dem Bett hervorkommen. Sie können auch den Teil der Angst, den das Kind nicht zu seinem Schutz braucht und den es deshalb von dem selbst gemalten Bild seiner Angst abgeschnitten hat, gemeinsam feierlich im Garten vergraben. Oder Sie malen zusammen mit Ihrem Kind den Teil der Angst, den es nicht braucht, auf einen Luftballon, gehen dann auf eine Wiese, lassen den Luftballon fliegen und beobachten, wie der überflüssige Teil der Angst in den Himmel steigt und vom Wind verweht wird. Je besser Sie Ihr Kind kennen, umso eher werden Sie Ideen entwickeln, wie Sie mit einer kleinen rituellen Handlung Ihrem Kind helfen können, den überflüssigen Teil seiner Angst loszuwerden.

Symptome malen und verändern

Kinder kommunizieren mit Körperbewegungen, mit Bildern und Metaphern sowie mit Fantasiegeschichten. Sie sind durch kreative Methoden wie bildliches Gestalten, Kneten von Ton oder Formen von Sand sowie durch Spiele gut anregbar. So ermöglicht eine grafische Gestaltung des Symptoms Kindern häufig, das Problem als fassbar und kontrollierbar zu erleben. Diese Idee, Angst zu personifizieren und grafisch darzustellen, ist nahezu so alt ist wie die Menschheit selbst. Derartige Darstellungen machen es dann möglich, das Kind dazu anzuregen, die von ihm entwickelte Gestalt im Gespräch und im Tun so zu verändern, wie es das gerne möchte: seine Größe, seine Farbe, seine Konsistenz, den Klang seiner Stimme, seinen Geruch ... Dies kann das Kind so lange tun, bis es mit dem, was es geschaffen hat, zufrieden ist. Es wird dadurch ein veränderter emotionaler Zugang zu dem Symptom geschaffen und die Idee von Einfluss und Kontrolle geweckt. Charlotte Wirl[9] berichtet dazu folgende Fallgeschichte:

> »**DANIELLA, 13 JAHRE ALT,** hat Angst in der Schule, vor allem bei mündlichen Prüfungen oder wenn sie aufgerufen wird und insbesondere bei einem bestimmten Lehrer. Sie personifiziert diese Angst als großes, längliches Monstergesicht mit einer riesigen, roten Hakennase und glühenden Augen. Von der Physiognomie, der

9 Wirl, C. (2014): Ego-State-Geschichten, Ressourcen-States und Kraftwesen – Möglichkeiten der Teilearbeit bei Angst. In: W. Brächter (Hrsg.): Der singende Pantomime. Heidelberg (Carl-Auer), S. 141.

> Nase und dem Hut her besteht eine gewisse Ähnlichkeit mit Lord Voldemort aus Harry Potter. Je näher er kommt, umso größer wird das Gesicht, umso glühender die Augen, umso grässlicher der Mund, aus dem es atemberaubend stinkt. Die Stimme ist messerscharf. Sie nennt das Gesicht ›Angstekel‹. Auf die Einladung, das Gesicht nun lustvoll in allen Details zu verändern, lässt sie es als Erstes in der Größe schrumpfen, verändert die Farbe (allmählich bunter) und die Konsistenz zu letztendlich flauschig weich. Schließlich gelangt sie zur Vorstellung eines kleinen, flauschig weichen Bällchens in bunten Farben, wohlig nach ihrem Lieblingsparfum duftend, eine kecke Melodie spielend, wenn sie darauf drückt, und mit dem sie spielen oder es auch herumwerfen kann, je nach Lust und Laune. Sie nennt es ›Quietschbällchen Pflaumi‹. Dieses Bällchen visualisiert sie nun nochmals in einer leichten Trance, die dazugehörenden Emotionen (insbesondere das Lächeln) werden vertieft, und dieses neue Bild nimmt sie mit in die Schule.«

Den anstehenden Entwicklungsschritt gemeinsam bewältigen

Im zweiten Kapitel (S. 26 f.) wurde dargestellt, dass Angst als Anzeichen für einen anstehenden Entwicklungsschritt oder eine notwendige Entscheidung betrachtet werden kann. Solche Entwicklungsschritte sind im Laufe der Entwicklung eines Kindes und Jugendlichen und damit auch im Verlauf der Entwicklung einer Familie immer wieder notwendig. Das Erleben und das Verhalten aller Familienmitglieder müssen jeweils der neuen Situation angepasst und untereinander austariert werden. Aus diesem Grunde werden diese Entwicklungsschritte in der Wissenschaft als »normative Krisen« bezeichnet, das heißt als Krisen, die in der Entwicklung eines Menschen und einer Familie völlig normal sind, aber doch eine Herausforderung darstellen. Auch wenn die Art und Weise, wie das Kind betreut wird, sich heutzutage in den Familien sehr unterscheidet und damit auch die normativen Krisen verschieden sind, müssen doch alle Eltern ihr Erleben und Verhalten dem zunehmenden Größerwerden ihres Kindes immer wieder anpassen.

Die erste Schwangerschaft und die Geburt eines Kindes ist eine solche normative Krise. Wissenschaftliche Untersuchungen haben gezeigt, dass in dieser Zeit des Übergangs zur Elternschaft wichtige Entscheidungen im Hinblick auf die Lebensziele und die persönliche Wertorientierung getroffen werden. Die Beziehung zwischen der jungen Mutter und dem jungen Vater ändert sich, weil eine dritte Person hinzugekommen ist, die auf einmal die ganze Aufmerksamkeit auf sich zieht. Zudem müssen die Eltern die Art und Weise, wie sie bisher zusammengelebt haben, umstellen und miteinander klären, wer wann in welcher Weise den Säugling versorgt. In den folgenden Monaten und Jahren sind kleine Anpassungen ständig notwendig. Ein besonderer Entwicklungsschritt steht dann an, wenn das Kind zum ersten Mal den Kindergarten besucht. Vor allem derjenige Elternteil, der bisher das Kleinkind vorwiegend versorgt hat und um sich hatte, muss sich nun umstellen und darauf ausrichten, jetzt schon ein Kindergartenkind zu haben. Für die meisten ist das eine schöne Erfahrung. Manchmal aber fällt es einem Elternteil schwer, von dem Kleinkind Abschied zu nehmen und für sich selbst diesen Entwicklungsschritt zu vollziehen. Als eine nächste normative Krise gilt die Einschulung des Kindes. Sie bringt nun den Abschied vom Kindergartenkind mit sich. Und wieder ist vor allem der Elternteil besonders betroffen, der die Hauptzuständigkeit für die Betreuung des Kindergartenkindes übernommen hatte. Er hat jetzt mehr Zeit und mehr Freiräume, die sinnvoll genutzt werden müssen, ist aber trotzdem noch durch die weitere Versorgung des Kindes gebunden. Einen nächsten Entwicklungsschritt stellt die Umschulung des Kindes auf eine weiterführende Schule dar, zumal zur heutigen Zeit in diesem Alter die Kindheit allmählich endet und das Jugendalter beginnt. Zum ersten Mal deutet sich zu diesem Zeitpunkt an, dass Elternschaft eine endliche Aufgabe ist.

Der deutlichste und schwierigste Einschnitt ist dann schließlich für die Eltern und für den Jugendlichen seine Ablösung aus der Familie, die sich mit 15 oder 16 Jahren endgültig abzeichnet. Dem Jugendlichen stellt sich eine Fülle von Entwicklungsaufgaben: Er muss von den Eltern unabhängig werden, einen eigenen Freundeskreis aufbauen und zu den Altersgenossen beiderlei Geschlechts neue, tiefere Beziehungen herstellen; er muss die Veränderungen seines Körpers und des eigenen Aussehens akzeptieren; er muss sich allmählich damit auseinandersetzen, was er werden will und was er dafür lernen muss; er muss sich damit auseinandersetzen, welche Werte er hochhalten und als Richtschnur für eigenes Verhalten annehmen will; insgesamt muss er eine Zukunftsperspektive entwickeln, sein Leben planen und Ziele ansteuern, von denen er glaubt, dass er sie erreichen kann.

Parallel dazu müssen die Eltern – vor allem wenn der Jugendliche ihr einziges oder das jüngste Kind ist – ebenfalls einen wichtigen und schwierigen Entwicklungsschritt gehen: Sie müssen sich damit auseinandersetzen, wie sie in Zukunft in einem Haushalt ohne Kinder leben wollen; sie müssen den eigenen Freundeskreis wieder (mehr) pflegen, wozu angesichts der vielen Elternaufgaben häufig die Zeit gefehlt hatte; sie müssen wieder lernen, als Ehepartner – und nicht vorwiegend als Eltern – zusammenzuleben; sie müssen sich mit den eigenen, in der Vergangenheit unerfüllten Wünschen auseinandersetzen und eine gute Zukunftsperspektive für die zweite Lebenshälfte entwickeln. Wenn man genau hinschaut, stellen sich ihnen ganz ähnliche Aufgaben wie dem Jugendlichen – nur eben in einer anderen Lebensspanne und damit in einer anderen Qualität.

Wenn einer der geschilderten Entwicklungsschritte nicht gegangen wird, dann treten häufig Angststörungen auf. Für Sie als Eltern gibt es eine Reihe von Möglichkeiten, dies zu verhindern oder aber Voraussetzungen zu schaffen, dass einmal aufgetretene Ängste zurückgehen. Wissenschaftlichen Untersuchungen zufolge sind kontinuierliche Abstimmungsprozesse zwischen den Partnern über die Aufgabenverteilung, die Zusammenarbeit und verbleibende Freiräume von großer Bedeutung. In welchem Umfang fühlt sich jeder im Laufe der wechselnden Phasen der Elternschaft vom jeweils anderen angemessen und hinreichend unterstützt? Wird die Zuordnung der Aufgaben als gerecht und angemessen erlebt? Kann jeder auch noch persönliche Wünsche und Ziele in angemessenem Umfang und in zufriedenstellender Art und Weise verwirklichen? Ein regelmäßiger Austausch zu diesen Fragen wird als wesentliche Voraussetzung für die Zufriedenheit in der Partnerschaft und ein Gelingen der Elternschaft angesehen.

Im Übrigen markieren Sie allein schon dadurch, dass Sie jedes Jahr den Geburtstag Ihres Kindes feiern, das körperliche und geistige Wachsen und Größerwerden des Kindes. Sie sagen damit Ihrem Kind in jedem Jahr aufs Neue nicht nur: »Schön, dass du da bist!«, sondern auch: »Wie wunderbar, dass du nun wieder ein Jahr älter geworden bist und wir schon ein so großes Kind haben!«

In ähnlicher Weise sollten Sie jeden der oben geschilderten Entwicklungsschritte feiern: »Toll, dass wir jetzt schon ein Kindergartenkind haben, das den ganzen Tag selbstständig im Kindergarten verbringt!« Entsprechend gilt es, die Einschulung zu feiern und später die Umschulung auf die weiterführende Schule. Es gibt Mütter, die mit ihrer Tochter ausgehen und die erste Regelblutung feiern, und Väter, die das Entsprechende mit ihrem Sohn tun. Solche Feiern sind Rituale, die es aus gutem Grund bereits seit Generationen in Familien gibt und mit denen Eltern ihrem Kind signalisieren: »Es ist schön, zu einem Erwachsenen heranzureifen und mit jedem neuen Schritt die Welt mehr und mehr für sich zu erobern!« Und Sie als Eltern machen sich selbst gegenüber deutlich: »Mein Kind wächst mehr und mehr zu einer selbstständigen Person heran, und ich kann und muss mich in zunehmendem Maße (wieder) mit meinem eigenen Leben befassen und mir darüber klar werden, wie ich die zweite Lebenshälfte gestalten möchte.«

Sollte ein Kind zögern, den anstehenden Entwicklungsschritt zu gehen, und zeigen, dass es lieber das kleine Kind bleiben möchte, ist es Ihre Aufgabe, das eigene, jeweils neue Verhalten sehr deutlich zu zeigen. Wenn Ihre Tochter beispielsweise im Jugendalter den anstehenden Entwicklungsschritt nicht oder nur sehr zögerlich vollzieht und Angststörungen entwickelt, die ihr Leben sehr beeinträchtigen, können Sie meist durch gute Ratschläge und erzieherische Maßnahmen wenig erreichen. Sie haben aber die Chance, auf Ihrer Altersebene all die Entwicklungsaufgaben vorzuleben, die auch für Ihre Tochter zu dieser Zeit anstehen: Sie treffen sich immer häufiger mit Freunden, laden sie zu sich ein und planen gemeinsame Unternehmungen. Sie verbringen als Ehepartner ein verlängertes Wochenende in einem nahe gelegenen Feriengebiet und diskutieren mit Ihrem Partner vor den Ohren Ihrer Tochter, wie Sie in Zukunft

Ihr Leben gestalten wollen, sodass es über die nächsten Jahrzehnte ein erfülltes Leben wird. Sie sind damit Modell für Ihre Tochter und Ihren Sohn, die genau schauen werden, was ihre Mutter und ihr Vater da tun, und Ihre Kinder werden sich nach einiger Zeit mit hoher Wahrscheinlichkeit aufmachen, die entsprechenden Schritte selbst zu gehen.

Im Anhang dieses Buches finden Sie zwei Tabellen, in denen die jeweils parallelen Entwicklungsschritte einerseits der Kinder und Jugendlichen und andererseits der Eltern aufgeführt sind. Umfangreiche therapeutische Erfahrungen haben gezeigt, dass sie als Anregung für Überlegungen von Eltern, auf welche Weise sie ihr Kind angesichts seiner leidvollen Angststörung unterstützen können, sehr geeignet sind.

Das Thema im Hintergrund – die Funktion der Angst in der Familie

Wenn Kinder oder Jugendliche unter Angststörungen leiden, stellt sich in ihren Familien schnell die Frage nach dem Warum ein. Diese Frage ist aber meist nur schwer zu beantworten, und die Antwort hilft auch selten, das Problem zu lösen. Sehr viel bedeutsamer ist die Frage: »Wodurch wird das Problemverhalten aufrechterhalten?« In diesem Buch haben Sie bereits einige Faktoren des Aufrechterhaltens von Angststörungen kennengelernt, beispielsweise das Vermeiden der angstbesetzten Situation (S. 34 ff. u. 60 ff.) und das familiäre Entgegenkommen, wenn Eltern den Kindern die angstbesetzten Situationen ersparen wollen (S. 33 ff. u. 57 ff.).

Im zweiten Kapitel (S. 36 f.) wurde dargestellt, wie die Angst eines Kindes oder Jugendlichen die Aufmerksamkeit in einer Familie voll in Anspruch nehmen kann. Sie lenkt beispielsweise von anderen unangenehmen Themen ab oder führt zu einer unflexiblen, einseitig engen Beziehung zwischen einem Elternteil und dem Kind, die ein großes Bedürfnis dieses Elternteils nach Nähe befriedigt.

Für Sie als Eltern ist es nicht leicht, solche innerfamiliären Prozesse zu durchschauen, weil sie nicht rational geplant sind, sondern sich aufgrund emotionaler Bedürfnisse nichtbewusst entwickeln.

Wenn Sie trotzdem versuchen wollen, derartigen Zusammenhängen auf die Spur zu kommen, sollten Sie sich als Mutter und Vater zusammensetzen und folgende Fragen diskutieren:

- Sind wir als Mutter und als Vater in grundlegenden Fragen des Umgangs mit dem Kind oder dem Jugendlichen einig?
- Fühlen wir uns jeweils durch den anderen hinreichend unterstützt? ... Welches Thema hat uns beschäftigt, bevor die Ängste des Kindes oder Jugendlichen einen so großen Raum in unserem Denken und Handeln eingenommen haben?
- Wie würde sich unsere Beziehung verändern, wenn durch ein Wunder die Ängste unseres Kindes übermorgen auf ein Maß zurückgehen würden, wie andere Kinder sie auch zeigen? (Die elterlichen Beziehungen würden sich dadurch zwangsläufig ändern – siehe die Metapher der Familie als Mobile. Die Frage ist nur: Wie?)
- Was würde sich ändern, wenn Mutter und Vater, so weit wie das irgend möglich ist, zumindest an den Abenden und an den Wochenenden die Rollen tauschten? Könnte die Mutter es aushalten, wenn die Eltern beschließen würden, dass sie an den nächsten beiden Wochenenden jeweils einen Ausflug mit ihrer Freundin macht und der Vater sich allein um die verbleibende Familie kümmert?

Die Erörterung solcher Fragen verlangt viel Mut zur Offenheit, wird aber oft dadurch belohnt, dass Sie Veränderungen im Erleben und Verhalten vollziehen, die dem Kind aus seiner Angststörung heraushelfen.

Falls Sie alleinerziehend sind, sollten Sie entsprechende Fragen mit einer guten Freundin oder einem guten Freund besprechen.

- Hat sich zwischen mir und dem Kind oder Jugendlichen eine allzu enge Beziehung entwickelt, sodass wir beide den anstehenden Entwicklungsschritt, der eine größere Distanz bei gleich großer Liebe zueinander mit sich bringt, nicht gehen?

- Fürchte ich, allein zurückzubleiben, wenn ein Kind sich zunehmend in seiner Gleichaltrigengruppe wohlfühlt und dort mit Freunden und Freundinnen die meiste Zeit verbringt?

Für alleinerziehende Mütter oder Väter ist es grundsätzlich wichtig, dass sie sich mit Unterstützern umgeben. Zwar bleibt für eine alleinerziehende Mutter, die möglicherweise neben der Versorgung des Kindes mit den Angststörungen noch weitere Kinder zu betreuen und zudem eine berufliche Tätigkeit zu leisten hat, wenig Zeit, um Bekanntschaften und Freundschaften zu pflegen. Aber ein Netz von Freunden und Bekannten ist ganz wichtig – nach dem schon erwähnten afrikanischen Motto: »Zum Erziehen eines Kindes braucht man ein ganzes Dorf!« Alleine zu erziehen – ohne ein Netz von Unterstützern – ist nahezu unmöglich.

Unterstützer hinzuziehen

In Kapitel 2 (S. 37 f.) wurde beschrieben, wie Familien, in denen eine Angststörung das Familienleben stark bestimmt, durch eine selbst gewählte Isolation der Angst einen noch größeren Raum eröffnen. Das geschieht aus nachvollziehbaren Gründen. Diese Entwicklung wieder umzukehren, stellt aber in solchen Fällen eine große Chance dar, die übermächtige Angst zurückzudrängen. Überwinden Sie sich und beginnen Sie erneut, Verwandte, Freunde und Bekannte zu sich einzuladen. Teilen Sie Ihrem Kind mit, dass Sie es als Fehler erkannt haben, sich so sehr zu isolieren, und dass Sie als Eltern gemeinsam zu dem Entschluss gekommen sind, wieder Gäste einzuladen und ein »offenes Haus« zu führen. Sie werden bereits in diesem Augenblick an Statur und Präsenz gewinnen. Und bald auch verändert sich die Beziehung zu Ihrem Kind, die von nun an wieder durch Ihre elterliche Autorität geprägt ist. Sie zeigen dem Kind Einigkeit und Entschlossenheit, der Angst entgegenzutreten, die den meisten Kindern imponieren (auch wenn sie zunächst mit Beschimpfungen und Vorwürfen reagieren sollten).

Dieser Schritt ist leichter beschrieben als in der Realität umgesetzt – das ist eine bekannte therapeutische Erfahrung. Aber führen Sie sich vor Augen, in welchem Umfang Ihr Familienleben unter dem angstbedingten Verhalten Ihres Kindes leidet. Und denken Sie daran, wie sehr die Chancen Ihres Kindes auf eine gute und gelingende Zukunft durch die Angststörung beeinträchtigt werden. Sie brauchen nicht die Sorge zu haben, dass Sie von Ihren Gästen dann als angebliche Verursacher der Angststörung Ihres Kindes beschuldigt werden. Viele wissenschaftliche Studien haben gezeigt, dass Außenstehende, die von Eltern aktiv über die Probleme in ihrer Familie informiert werden, ganz anders reagieren, als wenn sie zufällig davon erfahren. Im letzten Fall ist durchaus mit Kritik an den Eltern und mit Vorwürfen zu rechnen. Demgegenüber imponiert es Außenstehenden, wenn Eltern die eigenen innerfamiliären Schwierigkeiten von sich aus ansprechen.

Das Einladen von Gästen ist aber nicht die einzige Möglichkeit, um aus der selbst gewählten Isolation herauszutreten und Außenstehenden (wieder) Einblick in Ihre Familie zu gewähren. Sie können auch gezielt vier oder fünf Personen – Verwandte, Freunde, Nachbarn – über das, was in Ihrer Familie abläuft, informieren und sie um Unterstützung bitten. Fordern Sie diese Personen auf, Ihr Kind per Telefon, Brief, WhatsApp-Nachricht, E-Mail, Fax oder auf andere Weise zu kontaktieren und ihm mitzuteilen, dass die Eltern sie über die Angststörung informiert haben und dass sie die Versuche des Kindes, das Verhalten der Familienmitglieder zu bestimmen, nicht in Ordnung finden. Die Unterstützer können dem Kind auch verdeutlichen, dass sie große Sorge haben, dass es sich durch sein Verhalten seine Zukunft verbaut. Sie sollten aber auf alle moralisierenden oder beschuldigenden Äußerungen verzichten. Wichtig ist noch die Information seitens der Unterstützer an das Kind, dass seine Eltern sie über die weitere Entwicklung auf dem Laufenden halten werden. Den Unterstützern gibt das die Möglichkeit, dem Kind ihre Anerkennung und Freude mitzuteilen, wenn die Angststörung – wie das zu erwarten ist – zurückgeht.

Hilfreiche Geschichten

Das Erzählen von Geschichten und Anekdoten ebenso wie die Nutzung von Bildern und Metaphern werden in diesem Buch an mehreren Stellen angeregt. Geschichten wecken in aller Regel die Aufmerksamkeit und das Interesse von Kindern und Jugendlichen. Sie transportieren – zuweilen indirekt – Botschaften und prägen sich dem Gedächtnis gut ein. Sie können implizit Lösungsvorschläge enthalten, Umdeutungen des Problems anregen, starre Muster infrage stellen und wirken oft motivierend.

Die österreichische Psychotherapeutin Charlotte Wirl[10] hat anlässlich eines Vortrags für einen onkologisch-pädiatrischen Kongress folgende Geschichte geschrieben, die in schöner Form wichtige Aspekte des Symptoms Angst aufgreift, der Angst eine Gestalt sowie einen Namen gibt und ihr die Eigenschaft zuschreibt, sich verändern zu können: In einem Zwergenjungen personifiziert sie die kindlichen Anteile von Neugierde und unbefangenem, naivem Zugehen auf neue Situationen. Da auch die Wertschätzung des Symptoms und seine Sinnhaftigkeit in einem passenden Kontext sowie die Betreuung der Angst mit einer angemessenen Aufgabe in dieser Geschichte so treffend erfasst werden, soll sie hier vollständig referiert werden:

> »Es gab einmal das Monster Kakasi. Es war ein schreckliches Monster, denn es war ein Angstmonster. Riesengroß und schwarz. Eigentlich wusste kaum jemand, wie es genau aussah, denn jeder sah es ein bisschen anders, jedem erschien es in einer etwas anderen Form. Aber alle fürchteten sich vor diesem dunklen, schwarzen Monster. Sie hatten Angst, dass das Angstmonster kommen würde. Sie zitterten schon bei dem Gedanken an das Monster. Kakasi war einer der Namen des Angstmonsters, es hatte verschiedene Namen, unterschiedliche Menschen gaben ihm unterschiedliche Namen.
>
> Wenn Kakasi jemanden sah, dem es Angst machen konnte, blähte es sich ganz groß auf, manchmal schien es geradezu

10 Wirl, Ch. (2014): Ego-State-Geschichten, Ressourcen-States und Kraftwesen – Möglichkeiten der Teilearbeit bei Angst. In: W. Brächter (Hrsg.): Der singende Pantomime. Heidelberg (Carl-Auer), S. 137 ff.

aufzuschreien oder es erschreckte auf andere Art und Weise – bis, ja, bis eines Tages ein kleiner Zwergenjunge auftauchte. Kakasi blähte sich wieder gewaltig auf, doch noch nicht zu seiner ganzen Größe. Zuerst einmal. Denn es war ja auch nur ein kleiner Junge, mit dem es es da zu tun hatte, dachte es.

>Hallo<, sagte der kleine Zwergenjunge. >Ich bin Quadri, weil ich der vierte Bub meiner Familie bin, und das i am Ende meines Namens bedeutet, dass ich der Kleinste bin. Wie heißt du?<
>Was?<, sagte Kakasi verdutzt, der noch nie erlebt hatte, dass jemand mit ihm redete, statt wegzulaufen.

>Ich bin Quadri, weil ich als vierter Bub in meiner Familie geboren bin, und mit i, weil ich der Kleinste bin<, wiederholte Quadri. >Und du?<

>Kakasi<, sagte das Monster laut, >Kakasi, der Schreckliche.<

>Und warum das i?<, fragte Quadri neugierig und ohne Scheu.

>Das i<, brüllte Kakasi äußerst verärgert, weil Quadri so wenig Respekt vor ihm zeigte, >geht dich gar nichts an. Ich bin der Schreckliche.<

>Warum<, fragte Quadri weiter, >wirst du der Schreckliche genannt?<

Das verärgerte Kakasi noch mehr. >Weil ich eben schrecklich bin!<, brüllte das Monster. >Ich bin das Angstmonster, siehst du das denn nicht? Viele Menschen kennen mich, für jeden habe ich eine andere Gestalt, aber sie wissen alle, was Angst ist. Und für manche bin ich besonders groß.< Und mit diesen Worten blähte sich das Monster weiter auf.

>Ach so<, sagte Quadri.

>Was heißt da >ach so<?!<, brüllte Kakasi nun richtig wütend und schon nahe am Platzen.

>Ach so<, sagte Quadri, >heißt, dass ich verstehe, dass du ein Angstmonster bist. Wie alt bist du denn?<, fragte Quadri weiter.

>Wie alt?<, antwortete Kakasi verdutzt, dem noch nie, seit er sich erinnern konnte, solche Fragen gestellt worden waren. >Das weiß ich nicht genau<, musste er dann zugeben.

›Seit wann gibt es dich denn?‹ probierte Quadri es andersherum.

Darauf wusste Kakasi eine Antwort. ›Oh‹, sagte er voller Stolz, ›mich gibt es schon immer, seit es Menschen gibt.‹

›Warum?‹, fragte Quadri.

›Ja‹, sagte Kakasi stolz, ›weil die Menschen Angst brauchen. Sie brauchen sie, um eine Gefahr zu erkennen, um vor ihr weglaufen zu können oder sich zu verstecken oder sich zu wehren. Stell dir vor, da kommt so ein Säbelzahntiger auf einen Menschen zu, und der Mensch läuft nicht weg, weil er vergessen hat, Angst zu haben. Das wäre doch eine feine Sache für den Säbelzahntiger, aber nicht für den Menschen.‹

›Kann man denn dich, die Angst bei Gefahr, vergessen?‹, staunte Quadri. ›Nein, natürlich nicht‹, antwortet Kakasi voller Stolz. ›Ich komme ganz von selbst, blitzschnell geht das, das ist ja ganz wichtig. Wenn sie lange nachdenken müssten, wären die Menschen viel zu langsam, dann wäre der Säbelzahntiger viel schneller.‹

›Verstehe‹, meinte Quadri. ›Dann bist du doch eigentlich sehr wichtig.‹ Und nach kurzem Nachdenken fügte er hinzu: ›Und heute, wo es doch keine Säbelzahntiger mehr gibt, wozu bist du heute noch wichtig?‹

›Ach ja‹, und das war das erste Mal, dass Kakasi etwas traurig klang, ›heute ist das viel komplizierter. Die Gefahren, vor denen ich schützen sollte, gibt es nur mehr selten. Dafür gibt es aber ganz andere Gefahren! Zum Beispiel wenn man über eine Straße geht und Autos kommen angeschossen, da sollte man schon vorsichtig sein, aber ein Angstmonster ist da auch überflüssig, denn die Menschen haben Verkehrsampeln und Schutzwege erfunden. Zum Glück für die Menschen gibt es heute sehr wenige wirklich gefährliche Situationen.‹

Kakasi, das Monster, das glücklich war, dass endlich jemand seine Bedeutung und seinen Sinn erkannt hatte, schrumpfte etwas, weil das ja nicht mehr notwendig war, dass es sich so schrecklich aufblähte.

›Aber‹, sagte Kakasi nun, weil es ein bisschen Vertrauen in Quadri bekommen hatte, ›es ist so anstrengend!‹

›Was ist anstrengend?‹, fragte nun Quadri, neugierig geworden.

›Angst zu machen, das ist sehr anstrengend‹, seufzte Kakasi. Es war wirklich froh, endlich jemanden zum Reden getroffen zu haben. Es hatte sehr selten Gelegenheit, mit jemandem zu reden. ›Es ist so anstrengend, immer Angst zu machen, sich so groß aufzublähen, wo doch manchmal nur ein klein bisschen von mir schon völlig ausreicht. Immer muss ich der Schreckliche sein, und niemand weiß, wie ermüdend und anstrengend das auf Dauer ist. Ich möchte mich so gerne einmal ausruhen!‹, seufzte das Angstmonster und schien auf einmal ziemlich klein. ›Und niemand mag mich für das, was ich tue, alle wollen mich los sein‹, und es schien fast, als würde das Angstmonster zu weinen beginnen. ›Dabei‹, schniefte es, ›war ich ja wirklich einmal richtig wichtig und hatte einen Sinn, aber das weiß ja niemand mehr!‹ Jetzt war es mit der Beherrschung des Angstmonsters, das jetzt gar nicht mehr wie ein Angstmonster aussah, fast vorbei.

›Ach so‹, sagte Quadri wieder und ging auf das Angstmonster, das keines mehr war, zu, um es zu trösten.

›Weißt du‹, flüsterte Kakasi nun ganz leise, ›das i im Namen, das habe ich, weil ich doch eigentlich nur so ein kleines Monster bin, das groß erscheinen möchte, und deshalb muss ich mich manchmal so aufblähen, damit ich wenigstens ein bisschen gruselig bin. Aber das ist so anstrengend!‹ Und nun heulte Kakasi wirklich los, und die Tränen flossen nur so aus seinen Augen, und irgendwie veränderten sich dabei seine ganze Gestalt, sein Aussehen und auch seine Farbe, und es wurde sogar etwas bunt.

Quadri streichelte Kakasi, und Kakasi begann, zuerst leise und schließlich lauter zufrieden zu grunzen.

›Weißt du, was?‹, meinte Quadri, ›wir werden für dich etwas Neues finden, sodass du nur dann auftauchst, wenn es wirklich notwendig ist, und du so klein bleiben kannst, wie es für dich sinnvoll ist. Jetzt aber werde ich für dich aufpassen ..., dass alles in Ordnung bleibt, und du kannst dich inzwischen ausruhen.‹

›Meinst du das wirklich?‹, fragte Kakasi. ›Das würdest du wirklich für mich tun?‹

›Natürlich, klar, wir sind ja Freunde‹, meinte Quadri, ›das nächste Mal machen wir es umgekehrt, wir helfen von nun an einander, denn wir sind ja Freunde.‹

›Wunderbar‹, sagte Kakasi nun schon ziemlich leise, ›und danke‹, und schlief mit einem langen und tiefen Seufzer ein. Noch im Schlaf sah man die eine oder andere Träne über sein Gesicht laufen, bis es mit einem kleinen Lächeln sanft und ruhig atmend schlief.«

Hilfreiche Kinderbücher

Kinderbücher eignen sich gut, um mit Ihrem Kind über seine Ängste ins Gespräch zu kommen. Es gibt viele schöne Kinderbücher zum Thema Angst, die Sie im Internet, meist verbunden mit einer Altersangabe, leicht finden können. Die nachfolgend aufgeführten Kinderbücher stammen aus dem Carl-Auer Verlag. Sie enthalten jeweils ein ausführliches Nachwort für Eltern und Erzieher, in dem Sinn und Aufbau der Geschichte erläutert und Hinweise gegeben werden, in welcher Weise die dargestellten Geschichten heilende Wirkung haben.

Mercer Mayer: Da liegt ein Krokodil unter meinem Bett.
Carl-Auer Verlag (Heidelberg). Ab 4 Jahre.

Der Albtraum ist vorbei. Aber was ist mit dem Krokodil? Das Kind muss ganz vorsichtig sein, wenn es aufsteht oder ins Bett geht! Die Eltern sehen beide das Krokodil einfach nicht und können nicht helfen. Also muss das Kind die Sache selbst in die Hand nehmen. Vielleicht kann man das Krokodil mit einem leckeren Mitternachtshappen in die Garage locken?

Ben Furman u. Mathias Weber: Antons Albtraum.
Carl-Auer Verlag (Heidelberg). Ab 4 Jahre.

Anton will nicht einschlafen, weil er Angst vor schlimmen Träumen hat. Und dann gehen seine Eltern auch noch aus, und er muss bei seiner Oma schlafen. Die weiß ja noch gar nichts von seinen Albträumen! Doch dann ist gerade sie es, die Anton hilft, eine Lösung für sein Problem zu finden.

Susi Bohdal: Selina, Pumpernickel und die Katze Flora.
Carl-Auer Verlag (Heidelberg). Ab 5 Jahre.

Selina befreundet sich mit dem Mäuserich Pumpernickel, der bei ihr Zuflucht vor der unerbittlichen Katze Flora sucht. Doch auch Selina hat Angst vor der Katze, und der Mäuserich kann ihr mit seiner Erfahrung im Umgang mit Angst hilfreich zur Seite stehen. Er lehrt sie, der Gefahr ins Auge zu blicken und sich mit der Bedrohung auseinanderzusetzen – eine sichere Methode, riesige Katzen schrumpfen zu lassen. Das Buch vermittelt entwicklungsfördernde Strategien für den Umgang mit Angstsitwuationen und liefert vielfältige Ansätze zu ihrer Bewältigung.

Tony Ross: Ich komm dich holen!
Carl-Auer Verlag (Heidelberg). Ab 5 Jahre.

Ein zottiges Ungeheuer, das von seinem Raumschiff aus das Weltall unsicher macht, nimmt eines Tages Kurs auf die Erde. Es will sich den kleinen Tommy holen, der vor Ungeheuern ziemliche Angst hat. Als sich das Ungeheuer eines Morgens mit schauerlichem Gebrüll auf Tommy stürzt, muss es zu seinem Erstaunen feststellen, dass Tommy ein klein wenig größer ist als gedacht ... Tony Ross' farbenprächtig illustrierte Geschichte hilft Kindern, mit Ängsten anders umzugehen, sie zu relativieren, um nicht im wahrsten Sinne des Wortes von der Angst aufgefressen zu werden. 1986 war dieses Bilderbuch Preisträger des Deutschen Jugendliteraturpreises.

Unterstützendes Elternverhalten bei sozialer Phobie

Wenn Ihr Kind vor allem Ängste vor dem Kontakt mit Gleichaltrigen äußert, wenn es sich davor fürchtet, von den Gleichaltrigen verlacht, ausgegrenzt und abgewiesen zu werden, ist die im Vorangegangenen beschriebene Kombination von Anerkennung des Leidens und Zutrauen in die Bewältigungskompetenz des Kindes besonders wichtig. Die Kinder und Jugendlichen brauchen Ihre Zuwendung, zugleich aber auch Ihr Vertrauen darein, dass sie die Situation bewältigen werden. Dabei ist es wichtig, dass beide Eltern in dieser Haltung gut übereinstimmen. Alle Maßnahmen, die dazu dienen, dass Ihr Kind ein großes Selbstvertrauen entwickelt, sind sehr unterstützend. Nehmen Sie sich beispielsweise abends eine Viertelstunde Zeit, um zu notieren, welche Fähigkeiten das Kind an diesem Tag gezeigt hat. Am nächsten Tag teilen Sie dem Kind das mit.

Darüber hinaus ist es wichtig, dem Kind zu zeigen, dass Sie selbst sich in Ihrem Denken, Erleben und Verhalten nicht von dem abhängig machen, was andere denken. Zeigen Sie Ihrem Kind, dass Sie nach Ihren eigenen Überzeugungen leben und das Urteil der anderen Ihnen zwar nicht gleichgültig ist, Sie sich aber nicht dadurch bestimmen lassen.

Zuweilen ist es auch hilfreich, aus einer gewissen inneren Distanz mal zu betrachten, ob in Ihrer eigenen Eltern- oder Großelterngeneration Überzeugungen vertreten wurden, die Ihre Einstellung und Haltung sowie Ihr Verhalten heute noch beeinflussen. Derartige über Generationen weitergereichte Grundsätze können das Leben in einer Familie sehr einschränken und beeinträchtigen. Ihre Kinder können dadurch in ihren Kontakten mit Gleichaltrigen verunsichert werden. Ist das der Fall, sollten Sie überlegen, ob diese aus früheren Generationen stammenden Grundsätze und Regeln tatsächlich heute noch Ihr Leben und das Ihrer Familie beeinflussen sollen. Sie können sich entscheiden, sie der Vergangenheit zuzuordnen und ihnen nicht mehr die Möglichkeit zu geben, das eigene Erleben und Verhalten und das Ihrer Kinder zu bestimmen. Die folgende Fallgeschichte der psychotherapeutischen Behandlung eines Mädchens, das ein sehr ausgeprägtes sozial-phobisches Verhalten zeigte, soll das erläutern.

> **FRAU UND HERR MEIERING** stellten ihre fünfzehnjährige Tochter Amelie zur Psychotherapie vor, weil Amelie kaum noch aus dem Haus ging, keine Freundinnen und Freunde hatte und in der Schulklasse eine Außenseiterin war. Sie meldete sich im Unterricht kaum, weil sie Angst hatte, etwas Falsches zu sagen und von der Klasse verlacht zu werden. Sie ging deshalb auch nur sehr ungern zur Schule und hatte ganz wenig Hoffnung, an ihrer Situation irgendetwas ändern zu können. Ihre zwei Jahre ältere Schwester zeigte ein ähnliches Verhalten, jedoch in nicht so ausgeprägter Form. Die Eltern betrieben einen Bauernhof, der sie viel Arbeit kostete. Sie machten sich Sorgen um ihre Kinder, aber vor allem die Mutter ließ wenig emotionale Wärme erkennen. In der Therapie zeigten die Eltern eine gute Bereitschaft mitzuarbeiten. Wesentliche Änderungen konnten aber zunächst nicht bewirkt werden.
> Einen Durchbruch gab es, als in einer Therapiestunde die Sprache auf den Großvater und den Vater der Mutter, der Hoferbin, kam, die beide in ihrer Familie eine sehr dominierende Position eingenommen hatten. Die Mutter berichtete, dass der Großvater entschiedene Regeln vertreten habe, die von ihrem Vater widerspruchslos übernommen worden seien. Die hätten beispielsweise gelautet: »Über Gefühle wird nicht geredet. Die sind unwichtig. Wichtig ist, was man tut und dass man funktioniert.« Oder: »Achtet darauf, dass wir nicht ins Gerede kommen. Die Leute sollen wissen, dass wir eine ordentliche Familie sind.« Frau Meiering zeigte sich sehr berührt und berichtete, wie sehr diese Grundsätze ihr Leben eingeengt und beeinträchtigt hätten. In dieser Stunde weinte sie viel. In dem nächsten Termin zeigte sie sich plötzlich sehr entschieden und erklärte, dass sie beschlossen habe, sich von diesen Regeln ihres Großvaters und ihres Vaters nicht mehr beeinträchtigen zu lassen. Sie wolle auch nicht mehr darüber nachdenken, was die Nachbarn über sie sagen und reden könnten.
> Nach dieser Stunde zeigten sich die Töchter in der therapeutischen Arbeit wie befreit. Im Laufe der nächsten Monate gelang es ihnen ohne nennenswerte therapeutische Unterstützung, ihre sozialen Ängste nach und nach abzulegen und vor allem wieder mit Freude und Zuversicht ins Leben zu gehen.

Spezielle Maßnahmen gegen das ständige Grübeln bei einer generalisierten Angststörung

Manche Kinder und Jugendliche äußern, wie im Kapitel 1 (S. 17 f.) dargestellt, übermäßige und unkontrollierbare Sorgen und Ängste und verbringen Stunden damit, darüber nachzudenken, was während des vorangegangenen Tages passiert ist und was morgen passieren könnte. Sie beschreiben dieses ständige Grübeln als sehr quälend. Die Inhalte dieser unendlichen Gedankenschleifen können wechseln. Hinweise darauf, dass die Befürchtungen doch ganz unwahrscheinlich seien und sicherlich nicht eintreten würden, helfen wenig.

Sehr viel hilfreicher ist es, die Inhalte der Grübelgedanken unbeachtet zu lassen und mit dem Kind über sein ständiges Grübeln und Sorgenmachen zu sprechen:

- Wie lange grübelst du schon über deine Probleme?
- Hast du auf diese Weise schon Lösungen gefunden?
- Was denkst du, wie lange es noch dauern wird, bis dein ständiges Grübeln und Nachdenken dich einer Lösung näher bringt?
- Wenn ganz viel Grübeln hilft, deine Ängste zu überwinden, warum hat das bisher noch nicht geholfen?

Auch hypothetische Fragen, also Fragen in der Möglichkeitsform, sollten Sie mit dem Kind besprechen:

- Nimm einmal an, in zwei Wochen ist das ständige Grübeln und Nachdenken verschwunden. Was ist dann anders?
- Ja, du sagst, dann geht es dir besser. Das verstehe ich. Ich würde aber noch gerne wissen: In welcher Weise verhältst du dich dann anders? Bist du dann in der Freizeit immer noch hauptsächlich allein oder verbringst die Zeit vorwiegend mit deinen Mitschülern und Freunden?
- Ist die Beziehung zu deinen Freunden dann schlagartig gut oder musst du erst mühsam (wieder) Freundschaften aufbauen?
- Auf welche Weise wird dir das gut gelingen?

Auch Fragen nach der Änderung der Beziehungen in der Familie sind wichtig:

> Ich bin gespannt, welche Änderungen du bei uns in der Familie erwartest. Wie, denkst du, ändert sich deine Beziehung zu mir, deiner Mutter, ... und wie die zu deinem Vater? ... (Sie wissen: Wenn so etwas Wichtiges in der Familie wie das ständige quälende Grübeln und Sorgenmachen eines Kindes sich ändert und verschwindet, dann ändern sich auch die Beziehungen.) Was denkst du: Werden wir beide, ohne diese ganzen schrecklichen Symptome eine engere Beziehung haben ... oder eher eine distanziertere, sodass jeder von uns beiden viel mehr das tut, was ihm gerade Spaß macht? ... Und wie ist das im Hinblick auf deinen Vater? ... Was denkst du, wie sich die Beziehung zwischen mir und dem Papa ändert? Wird die Beziehung enger, weil wir dann ohne große Sorgen mehr miteinander unternehmen, oder wird sie distanzierter, weil wir uns nicht mehr so viel über deine Probleme unterhalten müssen und jeder von uns beiden dann häufiger seiner eigenen Wege geht?

(Die Fragen richten sich auf das, was das Kind denkt, wie es sein wird; denn diese Erwartungen steuern sein Verhalten. Wie es tatsächlich sein wird, weiß niemand.)

Und schließlich:

> Hat das Verschwinden des Grübelns und Sorgenmachens auch Einfluss auf deine Schulleistungen? ... Ja, toll, du denkst, dass die dann besser werden. Aber nehmen wir – nur mal als Gedankenspiel – an, deine Schulleistungen würden nicht besser werden, obwohl du nicht mehr durch das Grübeln und Nachdenken am Lernen gehindert wirst: Welche Entschuldigung gibt es dann noch für dich? ... Könnte es sein, dass es in dem Augenblick ganz schön blöd ist, dass das ständige Grübeln und Nachdenken verschwunden ist?

Grundsätzlich haben psychische Symptome neben den vielen Belastungen und Nachteilen immer auch einen Gewinn und Vorteile, sonst wären sie nämlich gar nicht aufgetreten. Nach diesen Vorteilen zu Fragen ist immer etwas kritisch, weil das Kind dann leicht denken könnte, Sie würden ihm nicht glauben, dass es sich den Symptomen so ausgeliefert fühlt. Deshalb sollten Sie die folgende Frage nur stellen, wenn Sie sicher sind, dass sich Ihr Kind wegen seiner Symptome von Ihnen in keiner Weise beschuldigt fühlt: »Darf ich dir noch eine Frage stellen: Nehmen wir einmal an – wieder nur so als Gedankenspiel –, diese ja wirklich schrecklichen Symptome, unter denen du so leidest, hätten auch irgendwie etwas Positives. Was könnte das sein?« ... Sie können dann gemeinsam mit Ihrem Kind über eine mögliche Antwort nachdenken. Wenn Sie eine solche finden, wäre zu überlegen, wie der Vorteil auch zu erreichen ist ohne »die hohen Kosten«, d. h., ohne dass das Leiden an den Symptomen in Kauf genommen werden muss.

Prüfungsangst

Wenn Ihr Kind unter Prüfungsangst leidet, können viele der bisher besprochenen Faktoren und Maßnahmen hilfreich sein: Sorgen und Angst vor einer Prüfung helfen dem Kind dabei, sich gut vorzubereiten, und dienen in der Prüfungssituation dazu, dass der Körper in einem möglichst guten Aktivitätsmodus ist. Es geht also auch hierbei nicht darum, keine Angst vor der Prüfung haben zu wollen, sondern darum, dass die Angst das richtige Maß hat, nicht zu viel und nicht zu wenig. Dies können Sie mit Ihrem Kind besprechen, indem Sie es fragen, wie viel Angst es eigentlich vor einer Klassenarbeit oder vor einer sonstigen Prüfung haben möchte – ähnlich wie in dem folgenden Beispiel:

> **LARA, 15 JAHRE,** eine bisher gute Schülerin, klagt über heftige Prüfungsängste, die bereits mehrere Tage vor einer Klassenarbeit einsetzen und es ihr unmöglich machen zu lernen. Sie möchte die Angst einfach nur loswerden. Verständlich. Die Mutter fragt sie:
>
> **MUTTER:** ... Nehmen wir einmal an, in 4 Wochen geht es dir, wenn du an eine bevorstehende Klassenarbeit denkst, exakt so, wie du es dir wünscht. Wie sieht das genau aus? ...
>
> **LARA:** Ich habe keine Angst.

MUTTER: Gar keine?

LARA: (zögernd): Hm (bejahend).

MUTTER: Würdest du dann noch für die Klassenarbeit lernen?

LARA: (zögernd): Weiß nicht ...

MUTTER: Könnte es sein, dass ein bisschen Angst dir hilft, dich überhaupt hinzusetzen und für die Klassenarbeit zu lernen?

LARA: Aber nicht zu viel ...!

MUTTER: Richtig, genau! Das ist so, wie wenn du auf die Straße gehst. Wenn du gar keine Angst hättest, von einem Auto erfasst zu werden, würdest du nicht nach rechts und links schauen und wahrscheinlich nicht mehr lange leben. Wenn du aber zu viel Angst hättest, würdest du möglicherweise gar nicht mehr auf die Straße gehen. Meinst du, dass das richtig ist?

LARA: Ja, schon.

MUTTER: So ist das mit der Angst: Meist ist sie unser Freund und Helfer. Aber wenn sie sich zu sehr in den Vordergrund drängt, dann hindert sie uns an dem, was wir erreichen möchten. Und ich glaube, so ist das im Augenblick bei dir, nicht wahr?

LARA: Ja.

MUTTER: Darum frage ich dich jetzt noch einmal: In 4 Wochen, wenn es beim Gedanken an eine Klassenarbeit genau so ist, wie du es dir wünscht: Wie viel Angst – auf einer Skala von 0 bis 10 – möchtest du dann haben? Null heißt: gar keine Angst, 10 heißt: ganz fürchterlich große Angst.

LARA: (langes Nachdenken): Bei 4 ...

MUTTER: Bei 4, also im mittleren Bereich. Das ist sehr schlau von dir! Denn alle wissenschaftlichen Untersuchungen haben gezeigt, dass die Prüfungsergebnisse am besten sind, wenn die Angst vor der Prüfung im mittleren Bereich liegt. Wenn sie zu gering ist, lernt man nicht genug, wenn sie zu hoch ist, dann kann man die Sachen nicht im Gedächtnis behalten, weil man sich ständig mit seinen Ängsten beschäftigt. Also noch einmal: Wenn du in 4 Wochen dein gewünschtes Ziel erreicht hast, dann liegt dein Angstpegel bei 4, genau an dem Punkt, an dem du noch genug lernst, aber auch alles behalten kannst?

Von Schauspielern und Musikern ist bekannt, dass ihnen Aufgeregtheit – Lampenfieber – vor einem Auftritt ganz wichtig ist, um dann auf der Bühne über die notwendige innere Spannkraft zu verfügen. Ein bekannter Musiker berichtete, dass bei ihm Angstgefühle dann auftreten würden, wenn er unmittelbar vor einem Auftritt feststelle, nicht hinreichend Lampenfieber (Angst) zu haben. Die in dem Augenblick auftretende Angst sorge dann für eine zusätzliche körperliche Aktivierung, schieße aber in solchen Augenblicken manchmal über das Ziel hinaus und das sei unangenehm. Er müsse dann die Angst zurückdrängen, indem er sich sage, dass er für alles, was er jetzt darbieten wolle, gut geübt habe.

Zur weiteren Erläuterung kann auch die folgende Geschichte gute Dienste tun, wie sie hier in Anlehnung an Bernd Schumacher[11] erzählt wird und die natürlich im Hinblick auf das jeweilige Kind oder den jeweiligen Jugendlichen variiert werden kann:

»Es gibt da einen ganz bekannten Professor in einer Universität in Süddeutschland, der hatte früher eine ganz große Angst vor Vorträgen und Vorlesungen. Das war natürlich für einen Professor oder jemanden, der Professor werden wollte, total unpraktisch; denn Professoren müssen ja ständig Vorträge und Vorlesungen halten. Schon Tage vor einem Vortrag trieb ihn die Angst um, und wenn es dann so weit war und er vor seinen Zuhörern stand, bekam er manchmal kein Wort heraus oder hat nur so rumgestammelt. Immer dachte er daran, dass hoffentlich keiner merke, wie aufgeregt er war, und je mehr er das dachte, umso aufgeregter wurde er, und je mehr er bemerkte, wie aufgeregt er war, umso mehr steigerte sich seine Aufregung. Kennst du so etwas? Und dann hat er auf seinen Körper geschimpft, darüber, dass seine Knie schlotterten und seine Hände zitterten. Ist dir so etwas bekannt? Und dann hat er immer versucht, sich unter Kontrolle zu halten, sich nichts anmerken zu lassen und so … Heute ist das alles weg. Soll ich dir erzählen, was der gemacht hat? – Der ist konvertiert. Er hat seinen Glauben gewechselt. Er hat sich mal angeschaut, was da eigentlich in seinem Körper abläuft. Und dann hat er sich gefragt, warum die Menschen über 100.000 Jahre lang überlebt haben, trotz all der

---

11 Schumacher, B. (2008): Systemische Angsttherapie – in einer Sitzung. Teil I. *Familiendynamik 33 (1): 22 f.*

Säbelzahntiger und was es damals alles gab. Weißt du, was der Mensch gebraucht hat, damit er überleben konnte? Er musste unglaublich schnell reagieren können. Dafür muss der Körper in Gefahrensituationen sofort auf Höchstleistung umschalten können, entweder weil Kampf oder weil Flucht angesagt ist. Und all die körperlichen Reaktionen sind evolutionäre Überbleibsel dieser Zeit. Und als er sich das so angeschaut hat, der Professor, da hat er zu sich selbst gesagt: ›Toll, lieber Körper, dass du mir zeigst, wie du dich heute wieder auf Höchstleistung programmiert hast! Du gibst mir alles, und ich danke dir dafür.‹ Und als er dann wieder eine Vorlesung hielt, hat er beschlossen, – weil er es ja nun besser wusste oder an etwas anderes glaubte – dass er alle 5 Minuten eine kleine Redepause einlegen wird, um seinem Körper dafür zu danken, dass er es ihm heute wieder erlaubt, Höchstleistung zu bringen. Aber, und das war das Merkwürdige, sein Körper hatte von Stund an gar keine Lust mehr, Höchstleistung zu bringen, der war ganz ruhig und gelassen und hat sich vielleicht gedacht, die Aufregung sparen wir mal besser auf, bis die Säbelzahntiger wiederkommen.«

Vor einer Prüfungssituation sollten Sie dem Kind Zuversicht vermitteln, indem Sie betonen, dass es zwar schwierig werde, aber dass das Kind gute Voraussetzungen habe, die Prüfung zu schaffen. Hinweise darauf, die Prüfung werde doch gar nicht so schwer zu bestehen sein, entmutigen demgegenüber eher. Denn an etwas Leichtem zu scheitern, ist viel schlimmer, als eine schwere Prüfung nicht zu bestehen.

Grundsätzlich sollten Sie bei Prüfungsängsten auch die Frage erörtern, ob, wie sehr und aus welchem Grund Ihr Kind unter Stress steht (siehe auch S. 29 f. u. 51 ff.). Besonderes Augenmerk ist dabei darauf zu legen, ob das Kind angesichts seiner Begabungsstruktur in der Schule, die es besucht, einer zu hohen Leistungsanforderung ausgesetzt ist. Zudem sollten Sie sich fragen, ob Sie selbst sehr hohe Leistungserwartungen an Ihr Kind stellen und ob es ein Merkmal Ihrer Familie schon über Generationen ist, dass guten Leistungen hohe Aufmerksamkeit zukommt. Allerdings kann es geschehen, dass Eltern oder die Großeltern versichern, dem Schulerfolg gar nicht so große Bedeutung zuzumessen. Das Kind aber hört aus

»Nebenbemerkungen« in den Gesprächen seiner Familie heraus, dass gute Zensuren ganz wichtig sind.

Leidet Ihr Kind unter Prüfungsangst, sollten Sie als Mutter und Vater sich zudem Zeit nehmen, darüber nachzudenken, wie sehr Ihre Reaktionen auf mittelmäßige oder schlechte schulische Leistungen von Ihrem Kind als Botschaft »Wir erwarten mehr von dir!« gehört werden. Denn oft reagiert gerade der Elternteil, der mit dem Kind beispielsweise vor der Klassenarbeit viel gearbeitet hat, verständlicherweise mit großer Enttäuschung auf eine schlechte Benotung. Das Kind aber dürfte schon in Erwartung dieser Reaktion unter Stress geraten. Sie sollten mit Ihrem Ehepartner auch Zukunftsfragen erörtern, die eine mögliche weitere Verschlechterung der Schulleistungen und die Notwendigkeit einer Umschulung ansprechen:

- Nehmen wir einmal an, die Schulleistungen unseres Sohnes würden im Verlauf des nächsten Jahres immer schlechter werden. Was würde das für dich bedeuten?
- Wer von uns beiden – Mutter oder Vater – würde eigentlich am meisten darunter leiden?
- Wie würde deine Mutter / dein Vater darauf reagieren? Wem würde sie / er die Schuld geben?

In einer Prüfungssituation oder bei Klassenarbeiten kann es leicht geschehen, dass Kinder durch katastrophierende Gedanken ihre Leistungsfähigkeit beeinträchtigen, wie beispielsweise: »Ich habe bestimmt alles vergessen, was ich gestern gelernt habe! Ich bringe wieder alles durcheinander! Ich bin wieder ein Versager! Meine Mutter wird schrecklich enttäuscht sein, wenn ich die Arbeit schon wieder verhaue!« In einem solchen Fall kann die folgende Geschichte, die Matthias Federer[12] berichtet, ein guter Ausgangspunkt für Überlegungen sein, wie das Kind lernen kann, mit solchen Situationen besser umzugehen.

12 Federer, M. (2004): Prüfungsangst. In: S. Schneider (Hrsg.): Angststörungen bei Kindern und Jugendlichen. Berlin (Springer), S. 361 f.

»Vor langer Zeit, als das Wünschen noch half und als es keine Fernseher, Autos und Computer gab, nicht einmal Schulen, traf ein Junge, dessen Eltern gestorben waren, an einem Markttag in der Stadt einen Zauberer, der dort seine Zauberkünste zeigte und Edelsteine feilbot. Er war fasziniert von den funkelnden Steinen und den Zauberkünsten und konnte sich nicht vom Zauberer losreißen. Da es ihm bei seiner Tante, die ihn aufgenommen hatte, nicht gefiel, fragte er den Zauberer, ob er nicht mit ihm herumziehen und das Zauberhandwerk lernen dürfe. Der Zauberer war einverstanden, aber nur unter einer Bedingung: Im Winter, wenn es zum Herumziehen zu kalt sei, müsse er fleißig lernen, damit er im Frühjahr die Zauberprüfung bestehe. Gelinge ihm dies nicht, müsse er fortan in tiefen Schächten nach den funkelnden Edelsteinen graben. Der Junge willigte ein, und da schon Herbst war und dann Winter, wurde er bald zum Zauberlehrling.
Das Lernen war weniger leicht, als er sich vorgestellt hatte, alles andere als eine Zauberei, doch er lernte fleißig, angespornt durch den Zauberer, der seinen Lehrling mit jedem Tag lieber gewann. Als der Winter vorbei war und die Tage wieder länger und wärmer wurden, sagte der Zauberer zu seinem Lehrling, dass morgen die Prüfung sei. In dieser Nacht konnte der Junge nicht schlafen. Obwohl er gut gelernt hatte, sah er sich bei der Prüfung sitzen und alles falsch machen. Und genauso kam es am nächsten Tag. Statt auf seine Zauberkunststücke aufzupassen, die ihm vor einer Woche noch leicht von der Hand gegangen waren, schossen ihm Sätze durch den Kopf wie: ›Du bist ja zu doof – du wirst alles verpatzen!‹, ›Oh weh, diese Aufgabe ist viel zu schwierig für mich, ich werde sie bestimmt nicht lösen können!‹, ›Gleich wirst Du in die dunklen Höhlen verbannt, um Edelsteine zu suchen, und siehst die Sonne nie wieder.‹ Weil er ständig an diese Dinge dachte, fiel ihm das Gelernte nicht ein und er schaffte nur das allerleichteste Zauberstück, nämlich eine Münze aus dem Ärmel hervorzuzaubern.
Der Zauberer war sehr enttäuscht über die schlechte Leistung seines Schülers. Doch da er ihn lieb hatte, wollte er ihm eine zweite Chance geben. In einer Woche sollte die zweite Prüfung stattfinden. Doch es kam, wie es kommen musste. Schon zwei

Nächte vor der Prüfung machte der Zauberlehrling kein Auge zu, und in der Prüfung war er wieder sehr aufgeregt und die schlimmen Gedanken gingen ihm unablässig durch den Kopf.
Der Zauberer war über den zweiten Misserfolg sehr unglücklich und böse. Doch er wollte seinem Schüler noch eine dritte, die letzte Chance geben. Aber die Aussicht auf eine dritte Prüfung konnte den Jungen nicht froh machen. Im Gegenteil. Statt zu lernen, ging er vor die Hütte im Wald und weinte und schluchzte vor sich hin. Da hörte er plötzlich eine leise, ruhige Stimme, die ihn fragte, warum er weine. Er konnte aber niemanden sehen, doch schon der schöne Klang der Stimme tröstete ihn ein bisschen. Dann kitzelte ihn etwas auf dem Handrücken und er bemerkte, dass es eine klitzekleine Gestalt war, so klein, dass er das Gesicht des Männchens kaum erkennen konnte.
Als er dem Männchen sein Leid geklagt hatte, bot ihm dieses seine Hilfe an: Es könne ja bei der dritten Prüfung in seinem Ohr sitzen. Der Junge war ganz begeistert und meinte, das Männchen könne ihm dann die Lösungen einflüstern. Doch das Männchen winkte ab. Die Lösungen wisse es nicht, die müsse der Junge selber finden – aber die habe er ja auch gelernt. Es könne ihm nur helfen, nicht mehr so aufgeregt zu sein und die schlimmen Gedanken loszuwerden. Schon am gleichen Abend, als der Junge wieder nicht einschlafen konnte, setzte es sich in sein Ohr. Wenn ein schlimmer Gedanke kam, sagte es: ›Stopp – ganz ruhig! Du hast gut gelernt. Wenn du ruhiger bist, kannst du es schaffen.‹ Als der Junge daran dachte, dass er bald in die dunklen Gänge herabsteigen werde, sagte das Männchen: ›Stopp, ganz ruhig! Auch wenn du nicht alle Zaubertricks schaffst, wird dich dein Meister nicht verstoßen.‹ Und so konnte der Junge einschlafen.
Als dann die dritte Prüfung kam, waren die Aufregung und die schlimmen Sätze wieder da. Doch allein schon die angenehme Stimme im Ohr beunruhigte den Jungen ein bisschen. Als er vor der ersten Aufgabe stand, begannen aber die schlimmen Sätze wieder in seinem Kopf herumzutanzen. ›Ich habe keine Ahnung, wie ich die Aufgabe lösen soll – alles ist verloren!‹ ›Stopp! Ganz ruhig!‹, sagte darauf die Stimme im Ohr. ›Du hast gut gelernt. Schau genau hin, dann wirst du schon einen Anfang finden.‹ Und

tatsächlich fand der Junge einen Anfang und nach dem Anfang auch eine Fortsetzung und am Schluss war der Zaubertrick perfekt. Ähnlich ging es mit den anderen Aufgaben, auch wenn er nicht alle lösen konnte. Immerhin war das Ergebnis viel besser als bei den vorherigen Prüfungen, und der Meister war zufrieden, dass ein Fortschritt vorhanden war. Der Junge war überglücklich. Abends fragte er das Männchen, wie er ihm danken könne, und beschwor es, ihn nie mehr zu verlassen. ›Du musst mich noch heute wieder ziehen lassen‹, erwiderte darauf das Männchen. Der Junge war ganz verzweifelt. ›Stopp! Ganz ruhig!‹, antwortete dieses darauf. ›Ich lasse dir meine Stimme in deinem Ohr zurück. Und was du mir schenken kannst? Dass du diese meine Stimme immer mit dir herumträgst und nie mehr vergisst.‹ Und schon war es verschwunden.«

Einmal mehr mit der Frage: »Was denkst du, warum ich dir die Geschichte vorgelesen habe?« können Sie ein Gespräch mit Ihrem Kind einleiten, in dem Sie gemeinsam überlegen, welche alternativen Sätze das Kind an die Stelle seiner katastrophierenden Gedanken setzen kann, beispielsweise: »Ich habe gut gelernt; darum werde ich die Aufgaben auch schon schaffen! ... Ich gehe jetzt Schritt für Schritt vor; dann werde ich klarkommen! ... Ich muss nicht alle Aufgaben lösen können; aber einen Teil schaffe ich!« Wichtig ist, dass diese Sätze, die Sie gemeinsam mit Ihrem Kind entwickeln, positiv formuliert sind (und nicht als Verneinung eines negativen Zustandes).

Manche Kinder, die unter Prüfungs- und Leistungsangst leiden, haben den Wunsch nach 100prozentiger Sicherheit. Dieser Wunsch ist selbstverständlich nicht erfüllbar und damit der sicherste Weg in die Angst. Sie lernen und lernen und lernen, aber es reicht nie. Wenn dass er bei Ihrem Kind der Fall ist, können Sie versuchen, dem Kind auf humorvolle Weise, wie auf S. 57 ff. dargestellt, deutlich zu machen, dass dieser Wunsch zwar nachvollziehbar ist, aber nie in Erfüllung gehen wird. Aber eine Prüfung ist auch nur eine Prüfung. Und Sie können dem Kind versichern, dass auch ein Scheitern in einer Prüfung keine Katastrophe ist.

Albträume

Wenn ein Kind nach einem Albtraum aufschrickt, braucht es in der Nacht die Sicherheit der Eltern, bis es sich wieder beruhigt hat. Das dauert zumeist nicht lang, und Sie sollten Ihr Kind sodann zurück in sein Bett bringen. Wenn das häufiger vorkommt, können Sie Ihr Kind am nächsten Tag auffordern, den Traum – häufig ist es immer wieder der gleiche – zu erzählen. Sodann können Sie es auffordern, ein Detail aus dieser Geschichte so zu verändern, dass sie gar nicht mehr erschreckend ist. Ergänzend können Sie das Kind einen schlimmen Teil aus diesem Traum malen lassen, beispielsweise den wilden Löwen, der unter dem Bett lag. Sie können dann mit dem Kind besprechen, was da zu tun ist, damit seine Traumgeschichte einen guten Ausgang nimmt. Eine Lösung wäre, das Tier in einen Käfig zu stecken oder die gefährliche Raubkatze kleinzuschrumpfen, bis sie in ein Bilderbuch passt und man das Bilderbuch an einen sicheren Ort bringen kann. Finn, 8 Jahre, der nachts immer wieder vor einer vermummten Gestalt weglief, brachte sich auf seinem Bild beispielsweise mit einem Hubschrauber in Sicherheit. Diese Zeichnung sollten Sie mit Ihrem Kind in den folgenden Tagen immer mal wieder hervorholen und darüber reden, wie gut es ist, dass die schlimme Gefahr gebannt ist. Die meisten Kinder verlieren auf diese Weise ihre Angst.

Dieses Vorgehen hat sich in zahlreichen wissenschaftlichen Untersuchungen als sehr wirksam erwiesen. Ziel ist es, das »Albtraumdrehbuch« zu verändern. Man geht davon aus, dass sich im Gehirn durch die häufige Wiederholung der individuellen Albträume ein bestimmter Pfad ausbildet, der dann jedes Mal erneut durchlaufen wird. So kann jemand immer wieder davon träumen, von irgendwoher in die Tiefe zu fallen. Je häufiger das geschieht, desto geringer muss der Anstoß sein, damit im Traum genau wieder diese Szene auftritt. Ziel ist es nun, mit dem Kind Ideen zu entwickeln, die den Traum so verändern, dass er nicht mehr belastend ist. So können dem Kind, das immer wieder in die Tiefe zu stürzen droht, kurz vor dem Sturz auf einmal Flügel wachsen, sodass es zu einem sicheren Ort fliegen kann. Oder das Kind wird im letzten Augenblick von einer guten Fee gerettet, die es auf eine schöne grüne Wiese trägt. Die für gut befundene Traumfassung soll dann in den nächsten Wochen täglich wieder neu erzählt werden. Das Kind kann dabei die Augen schließen und sich den Ablauf des Traums ganz genau vorstellen.

Andrea Caby und Filip Caby[13] berichten aus ihrer therapeutischen Arbeit folgendes Fallbeispiel über einen Jugendlichen, der im Traum immer von einem Felsen stürzte:

>> JONAS *erzählte in den Gesprächen von einem sich wiederholenden Traum: Er wird verfolgt und an den Rand eines Felsens gedrängt. Die Verfolger kommen näher und einer von ihnen streckt die Hände nach vorne und stößt ihn. In dem Moment hört der Traum jedes Mal auf und Jonas erwacht.*

Am Ende dieser Schilderung erklärt der Therapeut Jonas, dass der Traum sich in seinem Gehirn abspiele und das Ergebnis seiner Gedanken sei: ›Unser Gehirn macht häufiger Dinge mit uns, die wir nicht an allen Stellen nachvollziehen können. Manchmal müssen wir unserem Gehirn auch ein wenig ›auf die Sprünge helfen‹, damit es das macht, was wir wollen – und nicht umgekehrt. Dein Traum hört ja nun immer an der gleichen Stelle auf – und du denkst: ›Wenn ich das weiter geträumt hätte, wäre ich abgestürzt.‹ Was natürlich nicht geht, wenn du im Bett liegst. Das weiß dein Gehirn ja auch ... Deswegen geht der Traum ja auch nicht weiter. ... Wenn er nun doch weitergehen sollte, was denkst du, wie er denn weitergehen würde?‹

Jonas: ›Ich stürze ab!‹

Therapeut: ›Wer sagt das?‹

Jonas: ›Ging nicht anders.‹

Therapeut: ›Das kann sein, aber wenn du jetzt bestimmen könntest, wie der Traum weitergeht, würdest du dann abstürzen?‹

Jonas: ›Nein, natürlich nicht!‹

---

13 Caby, A. u. F. Caby (2011): Die kleine psychotherapeutische Schatzkiste. Teil 2. Weitere systemisch-lösungsorientierte Interventionen für die Arbeit mit Kindern, Jugendlichen, Erwachsenen oder Familien. Dortmund (Borgmann), S. 156.

Therapeut: >Sondern?<

Jonas: >Ich würde mich noch abfangen können.<

Therapeut: >Fantastisch! Wie genau würdest du dich abfangen können?<

Jonas: >An einem Baum. Und dann würde ich wieder hochklettern.<

Therapeut: >Toll! Und was machst du dann?<

Jonas: >Bin froh, dass ich lebe.< <<

Auch in der akuten nächtlichen Situation kann es hilfreich sein, wenn Ihnen kreative Ideen einfallen.

LEON, ZWÖLF JAHRE, war in den letzten Wochen mehrfach nachts mit allen Anzeichen von Panik ins Schlafzimmer der Eltern gekommen. Auf Fragen der Eltern berichtete er eine ungewöhnliche Symptomatik. Er schilderte, dass in seinem Kopf zwei Zahlenreihen ablaufen würden: Die eine wachse langsam immer um einen Punkt, die andere aber rase davon, weil sich die letzte Zahl immer mit zwei multipliziere. Er könne sie nicht festhalten, und das mache ihm furchtbare Angst. Auch als er sich im Bett der Eltern ein klein wenig beruhigt hatte, versicherte er weiter, dass er die eine Zahlenreihe doch irgendwie stoppen müsse. Schließlich schlug der Vater ihm vor, diese rasende Zahlenreihe mit der höchsten Zahl der anderen Reihe zu dividieren. Für Leon war das die Lösung. Zwar noch angestrengt, aber ruhig ging er wieder in sein Bett. Dasselbe Phänomen trat in einer der folgenden Nächte noch einmal auf. Der Vater wiederholte seinen Vorschlag, und das Problem verschwand – diesmal für immer. Leon versicherte aber in den folgenden Jahren noch mehrfach, wenn er an diese beiden so unterschiedlichen Zahlenreihen denke, würden die damaligen schrecklichen Empfindungen wieder aufkommen – wenn auch in abgeschwächter Form. Er greife dann immer zum selben Mittel, dividiere die beiden Zahlenreihen miteinander, und dann sei alles gut.

Anhang

Entwicklungsaufgaben des Kindes sowie die korrespondierenden Entwicklungsaufgaben der Eltern

Kind	**Eltern**
Weitere Schritte der Lösung aus der Familie vollziehen	Sich von der engen Bindung an das Kleinkind lösen und eigenen Lebensthemen wieder zuwenden
Ein Selbstbild entwickeln (Wer und wie bin ich?)	Das eigene Selbstbild weiterentwickeln
Weiterentwicklung von Eigenständigkeit und Autonomie	Freude an den Autonomieschritten des Kindes entwickeln und kritisches Hinterfragen der eigenen Ängste
Weiterentwicklung sozialer Fähigkeit im Kontakt mit Gleichaltrigen und Erwachsenen – Aufbau eines Freundeskreises – spielen und arbeiten im Team	Selbst ein Stück zurücktreten und den eigenen Freundeskreis wieder mehr pflegen
Aufbau der Fähigkeit zur Übernahme der Verantwortung für sich und andere im Nahbereich	Zutrauen zum Kind entwickeln und evtl. selbst Verantwortung für Aufgaben in der Gemeinde/ Gesellschaft übernehmen
Vielfalt kennen und schätzen lernen	Die eigene Ambiguitätstoleranz* hinterfragen und weiterentwickeln.
Aufbau von Moral, Gewissen und Wertvorstellungen	Den eigenen Prozess der Auseinandersetzung mit Moral, Gewissen und Wertvorstellungen reflektieren
Auseinandersetzung mit der eigenen Geschlechtsrolle	Die eigenen Geschlechtsstereotypien hinterfragen

Entwicklung von Kompetenz im Umgang mit Medien und Konsumangebot	Lernen, Selbstkritik im Hinblick auf das eigene Medien- und Konsumverhalten zu kommunizieren
Erwerb von Kulturtechniken in der Schule	Lernfreude und Neugierde auf Neues pflegen

** Menschen mit hoher Ambiguitätstoleranz sind interessiert an Fremdem (und Fremden) und können die Verunsicherung, die durch Vieldeutigkeit und Widerspüchlichkeit entsteht, nicht nur ertragen, sondern vermögen auch aktiv damit umzugehen.*

Entwicklungsaufgaben des Jugendlichen sowie die korrespondierenden Entwicklungsaufgaben der Eltern

Jugendliche(r)	**Eltern**
Von den Eltern unabhängig werden, sich vom Elternhaus lösen	Vom Jugendlichen unabhängig werden und sich der Zukunft in einem Haushalt ohne Kinder zuwenden
Aufbau eines Freundeskreises: Zu Altersgenossen beiderlei Geschlechts neue, tiefere Beziehungen herstellen	Eine einseitige Familienzentrierung aufgeben und den eigenen Freundeskreis wieder mehr pflegen
Akzeptieren der eigenen körperlichen Erscheinung: Veränderungen des Körpers und des eigenen Aussehens annehmen	Körperliche Alterungsprozesse annehmen
Sich das Verhalten aneignen, das man in unserer Gesellschaft von einer Frau bzw. einem Mann erwartet	Wieder lernen, als Ehepartner zu leben (und nicht vorwiegend als Eltern); Neuaushandeln des Ehesystems als Zweierbeziehung
Aufnahme intimer Beziehungen zum Partner	Sich mit den eigenen unerfüllten sexuellen Wünschen und den verpassten Chancen auseinandersetzen
Wissen, was man werden will und was man dafür können (lernen) muss	Sich mit den eigenen unerfüllten beruflichen Wünschen auseinandersetzen

Vorstellungen entwickeln, wie der Ehepartner und die zukünftige Familie sein sollen	Orientierung auf die Gestaltung der »zweiten Lebenshälfte«, sich gedanklich an die Rolle als Großmutter und Großvater annähern
Über sich selbst im Bild sein: Wissen, wer man ist und was man will	Eine aktuelle Lebensbilanz ziehen
Entwicklung einer eigenen Weltanschauung: Sich darüber klar werden, welche Werte man hochhält und als Richtschnur für eigenes Verhalten akzeptiert	Den eigenen Wertekanon selbstkritisch reflektieren und in die Zukunft fortschreiben
Entwicklung einer Zukunftsperspektive: Sein Leben planen und Ziele ansteuern, von denen man glaubt, dass man sie erreichen kann	Eine Perspektive für die verbleibende Lebenszeit entwickeln

Über den Autor

WILHELM ROTTHAUS, Dr. med., hat neben dem Studium der Medizin in Freiburg, Paris und Bonn und dem der Musik in Köln Ausbildungen in klientenzentrierter Gesprächstherapie, klientenzentrierter Spieltherapie und Systemtherapie absolviert. Von 1981 bis 2004 war er Ärztlicher Leiter des Fachbereichs Psychiatrie und Psychotherapie des Kindes- und Jugendalters der Rheinischen Kliniken Viersen. Buchveröffentlichungen u. a.: „*Wozu erziehen*" (8. Aufl. 2017), *Systemische Kinder- und Jugendlichenpsychotherapie* (5. Aufl. 2021), *Ängste von Kindern und Jugendlichen* (3., erg. Aufl. 2026), *Suizidhandlungen von Kindern und Jugendlichen* (2. Aufl. 2023) und *Schulprobleme und Schulabsentismus* (2. Aufl. 2022).

Wilhelm Rotthaus

Ängste von Kindern und Jugendlichen

Reihe: Störungen systemisch behandeln

Mit einem Vorwort
von Michael Borg-Laufs

235 Seiten, Kt, 3., ergänzte Aufl. 2026
ISBN 978-3-8497-0635-7

„Das Buch gibt allen Therapeut:innen, die in der Praxis mit Angststörungen im pädiatrischen Bereich zu tun haben, umfassende Einblicke in die Grundlagen und therapeutischen Maßnahmen." Juliane Betschart

„Indem Rotthaus die klinischen Erscheinungsbilder der Angststörung darstellt, will er zeigen, wie die systemische Perspektive gegenüber einem herkömmlichen Krankheitsverständnis zu alternativen Bewertungen führt. Über das Verstehen der beziehungsregulierenden Funktion der Symptome können Betroffene zur Auflösung ihrer Problemsicht kommen, Musterveränderungen herbeiführen und sich als verantwortlich Handelnde begreifen." Kontext

„Ein begründetes, gut lesbares und praktisch anregendes Kompendium systemischer Hilfen im Fall von Ängsten bei Kindern und Jugendlichen." Zeitschrift für systemische Therapie und Beratung

„Wenn mich jemand nach einem modernen guten Buch zum Thema Angststörungen bei Kindern und Jugendlichen fragen würde, würde ich ohne zu zögern dieses Buch empfehlen. Profitieren können davon Psycholog:innen, Psychotherapeut:innen verschiedener Richtungen, Sonderpädagog:innen, Lerntherapeut:innen, möglicherweise auch engagierte Lehrpersonen." SGVT

Carl-Auer Verlag • www.carl-auer.de